La Versión de Magdalena:
Sabiduría secreta de una escuela de Misterios gnóstica

Stuart Wilson y Joanna Prentis

Traducción: Mariana Ojanguren

©2012 Stuart Wilson y Joanna Prentis
Primera impresión por Ozark Mountain Publishing, Inc. - 2012
Traducción Española - 2024

Todos los derechos reservados. Ningún fragmento de este libro, parcialmente o en su totalidad, puede ser reproducido, transmitido o utilizado en cualquier forma o por cualquier medio, electrónico, fotográfico ni mecánico, incluyendo fotocopiado, grabado, ni por ningún sistema de almacenamiento ni recuperación de información, sin previo permiso por escrito de Ozark Mountain Publishing, Inc., excepto por breves citas incorporadas en artículos literarios y reseñas.

Para permiso, seriación, condensación, adaptación, o para nuestro catálogo de otras publicaciones, favor de escribir a Ozark Mountain Publishing, Inc., P.O. Box 754, Huntsville, AR 72740, ATTN: Departamento de permisos.

Datos de catálogo en publicación de la Biblioteca del Congreso
Wilson, Stuart – 1937 –
Prentis, Joanna – 1943 –2020
La versión de Magdalena por Stuart Wilson y Joanna Prentis

Título original: "The Magdalene Version" by Stuart Wilson and Joanna Prentis
    He aquí la voz real de María Magdalena, ¡transmitiendo enseñanzas secretas de su escuela de Misterios!

1. María Magdalena 2. Jesús 3. Hipnosis 4. Discípulas femeninas 5. Metafísica
I. Wilson, Stuart, 1937 – II. Prentis, Joanna, 1943–2020 III. María Magdalena IV. Metafísica V. Título

Número de tarjeta de catálogo de la Biblioteca del Congreso: 2024950345
ISBN: 978-1-962858-37-3

Traducción: Mariana Ojanguren
Diseño de portada: Victoria Cooper
Diseño de libro: Summer Garr
Libro configurado en: Times New Roman

Publicado por:

PO Box 754, Huntsville, AR 72740
800-935-0045 o 479-738-2348 fax: 479-738-2448
WWW.OZARKMT.COM
Impreso en los Estados Unidos de América

Una sola Energía y Consciencia en todo lo que es y toda existencia como una sola Red de vida.

«El Camino de la Luz»

Cita de Alariel en *Beyond Limitations: The Power of Conscious Co-Creation.*

Contenido

Parte uno: Esenios y gnósticos
1. Alariel — 3
2. Los esenios y la herencia gnóstica — 8
3. Yianna y los esenios — 11
4. Lyn — 21
5. Sara y el cristal — 27
6. Las habilidades esenias de sanación, perfeccionadas por Jeshua — 36
7. José como el hilo conductor — 40
8. Un punto de inflexión — 45
9. La identidad de María Magdalena — 55
10. El mundo gnóstico — 57
11. La iglesia y la escuela de Misterios — 64
12. La existencia de enseñanzas secretas — 67

Parte dos: Las enseñanzas secretas de María Magdalena
13. La estructura interna de la realidad — 77
14. El universo sagrado — 80
15. El viaje del alma — 84
16. La naturaleza de la salvación — 87
17. El Camino — 90
18. Balance y armonía — 96
19. Verdad y libertad — 101
20. Unicidad y el Todo — 104
21. Preguntas y respuestas clave — 110
22. Paralelismos con el Evangelio de Tomás — 120
23. La última despedida — 125

Parte tres: La Tierra sagrada
24. La red de vida — 131

Parte cuatro: María Magdalena en perspectiva
25. Una mujer misteriosa — 141
26. Una alianza espiritual — 147
27. La filosofía de María Magdalena — 151
28. Síntesis: La Magdalena — 154

Parte cinco: Oriente y occidente
29. La unión de oriente y occidente   157
30. El Camino de la Unicidad   159
Parte seis: Lo viejo y lo nuevo
31. El surgimiento del zen gnóstico   165
32. La verdadera voz de María Magdalena   168
Parte siete: Transición y más allá
33. El karma en una época de transición   173
34. Verdad y transición   177
35. La totalidad del ser   180
Parte ocho: La familia del alma esenia
36. Entrada al infinito   187
37. Un tiempo para reunirse   190
38. La trilogía emerge   192
39. Gráficas de relaciones   195
Parte nueve: Conclusión
40. El viaje eterno   201
41. La canción de la ascención   203
42. Epílogo: Canto al corazón de la confianza   205

Lecturas recomendadas   212
Agradecimientos   219
Acerca de los autores   223
Coordinadores internacionales   225
Los nuevos medios   227
Otros libros por Stuart Wilson y Joanna Prentis   228

Parte uno:

Esenios y gnósticos

*Las enseñanzas de María Magdalena
fueron la culminación de
todo el arco de desarrollo esenio y gnóstico.*

Alariel en el Capítulo 29

La Versión de Magdalena

1

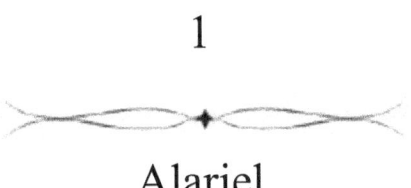

Alariel

Hemos estado escribiendo estos libros basándonos en gran medida en nuestra guía interna y hemos aprendido a confiar en esa guía con el paso de los años. Cuando Joanna y yo estábamos trabajando en nuestro primer libro, Los esenios: Hijos de la Luz, nos enfocamos completamente en la evidencia de vidas pasadas y, a pesar de que esa evidencia abrió una ventana al mundo de Israel hace 2000 años, no nos proveyó acceso a toda la información que queríamos. Trabajando dentro del margen de las investigaciones de vidas pasadas, siempre habrá áreas en las que no puedas acceder, simplemente porque no eres capaz de encontrar a la persona correcta en el lugar correcto en el tiempo correcto. Por ejemplo, a ciertas personas puede parecerles que cualquiera que haya tenido una vida hace 2000 años en Israel, podría ser una fuente útil de información acerca del grupo alrededor de Jeshua, ¡pero un fariseo muy conservador viviendo en esa época pudiera haber considerado a Jeshua como un radical peligroso que denigraba la tradición judaica!

Nota: Hemos utilizado el nombre de «Jeshua» a lo largo de este libro, ya que no se ha probado que fuera llamado «Jesús» alguna vez a lo largo de su vida; mientras que la evidencia de que haya sido llamado Jeshua o Yeshua, es sustancial. También hemos utilizado AEC (Antes de la era común) y EC (Era común), ya que esto es más aceptado universalmente que AC y DC.

 Cuando Joanna y yo llegamos tan lejos investigando las experiencias de vidas pasadas en la Atlántida, comenzábamos a movernos hacia áreas nuevas y más arriesgadas. Parte de esa investigación se enfocó en mi vida como un arquitecto en la Atlántida, llamado Anquel, y su historia es contada a profundidad en nuestro libro Atlántida y la nueva consciencia. Estábamos sorprendidos y emocionados cuando nuestra guía interna nos dijo que Anquel había encontrado una fuente de información más interesante. Esta fuente podría ser de difícil acceso, y nuestra mejor oportunidad sería realizarle a Anquel una pregunta «que nosotros supiéramos que él sería incapaz de responder».

Esta era una pieza de guía inusual, pero decidimos seguirla y comenzar a formular en nuestras mentes una pregunta apropiada para hacerle. Ya sabíamos que Anquel tenía cierto interés en un tipo de movimiento meditacional lento, y esto nos parecía una forma de Tai Chi de la Atlántida. Tomando esto como punto de partida, formulamos una pregunta bajo las líneas que había sugerido nuestra guía y se la expresamos a Anquel.

Joanna: Estamos interesados en el tipo de movimiento meditacional lento que mencionaste. Hay un grupo de personas llamados los esenios, quienes vivieron a muchos años del futuro de tu época. Entendemos que los esenios tenían una forma de movimiento meditativo y me preguntaba si podrían investigar eso para nosotros.

Anquel: No he escuchado nunca acerca de esa gente y, si existieron en mi futuro, no tendría forma de investigar esa información de modo convencional. Sin embargo, podría tener una fuente angelical que pudiera ser de ayuda. Le pediré que les hable directamente.

Comentario de Stuart: ahí prosiguió una gran pausa y Joanna sintió una energía diferente que comenzaba a enfocarse a través de mí. Entonces la comunicación comenzó nuevamente: Este es Alariel, hablando desde un grupo de doce ángeles que trabajan con la Orden de Melquisedec...

Una vez que la comunicación se hubo establecido, fuimos capaces de dialogar libremente con Alariel, a pesar de que dejó claro que no era una fuente omnisciente; de hecho, negó la existencia de una fuente de ese tipo en cualquier lugar del universo. Nos dijo que tenía contacto regular con arcángeles, y ellos trabajaban cercanamente con los Elohim, el más alto nivel de Seres, que podrían considerarse como

La Versión de Magdalena

personalizados incluso en un grado mínimo. Mas allá de los Elohim, dijo que solo estaba la Energía totalmente transpersonal y la Consciencia del dios Padre-Madre. Incluso los Elohim, nos mencionó, no claman ser omniscientes y por una simple razón. En sistemas estelares en donde hay libre albedrío, lo inesperado está sucediendo siempre y, si eres incapaz de predecir estos sucesos, ¡no tienes la posibilidad siquiera de ser omnisciente! Alariel nos dijo que la simple idea de la omnisciencia es un invento humano extraño e ilógico.

Alariel también fue claro acerca de las preguntas que no fue capaz de contestar. Cuando Joanna le realizó preguntas que pudiera haber tenido prohibido responder, esto fue lo que contestó:

Alariel: Hay algunas preguntas que «elegimos» no contestar, y estas vienen en tres categorías:
1. Hay palabras de poder que brindan acceso para controlar frecuencias en el mundo angelical. Obviamente, nosotros no revelaríamos estas palabras.
2. Hay información que forma parte de la investigación en la cual otros grupos de la Tierra ya están bien avanzados y pronto revelarán: no desearíamos «robar su brillo».
3. Y, finalmente, hay conceptos más allá de su comprensión actual, que podrían desorientarlos y ocasionarles estrés. No sería amable el revelar este tipo de información, y no lo haremos.

Habiendo dicho eso, aún hay una vasta cantidad de información para que exploren.

No nos percatamos en ese momento, pero esta última frase subestimó la situación de manera bastante dramática. Más tarde, cuando fuimos a preguntarle a Alariel acerca de una gran cuestión, «¿cómo creamos nuestra propia realidad?», ¡todo un libro emergió de esa simple pregunta! (Fue publicado como nuestro tercer libro, Beyond Limitations: The Power of Conscious Co-Creation). No obstante, en nuestro segundo libro, El poder de Magdalena, la participación de Alariel cambió y, eventualmente, transformó por completo nuestro trabajo. A medida que continuábamos explorando esta área, descubrimos que muchas cosas simplemente no estaban claras para la gente que día tras día llevaba a cabo sus vidas en Israel. Por ejemplo, incluso si hubiéramos preguntado a nuestro contacto principal en nuestro primer libro, el esenio mayor Daniel benEzra, quizá no hubiera sido capaz de darnos las respuestas que queríamos. Si le hubiéramos preguntado a Daniel cuántas discípulas femeninas de Jeshua había, simplemente no hubiera sabido o quizá hubiera respondido: «Oh, muchas». O quizá: «Muy pocas». Y esto no hubiera ayudado a que avanzáramos mucho en nuestra investigación. Pero, cuando le preguntamos sobre esto a Alariel, lo que obtuvimos fue una respuesta precisa que transformó nuestro conocimiento del discipulado en aquella época.

Alariel: Es importante comprender que el sistema del discipulado que estableció Jeshua, estaba diseñado para reflejar el gran simbolismo del universo. El balance del dios Padre-Madre estaba reflejado en un balance entre los discípulos masculinos y femeninos; de esta forma, había seis círculos de doce, sumando setenta y dos discípulos masculinos, y seis círculos de doce, sumando setenta y dos discípulas femeninas; un total de 144 discípulos.

Comentario de Stuart: Por supuesto, Alariel no se detuvo ahí, y nos proporcionó una vasta información acerca de las discípulas femeninas, especialmente del primer círculo de doce, el cual contenía algunas iniciadas notablemente avanzadas como la madre María (María Anna) y María Magdalena.
    Nuestra relación con Alariel cambió y evolucionó con el paso del tiempo y, gradualmente, a través de este contacto, logramos verlo como una fuente de canalización de notoria profundidad y claridad. Parte de la información que recibimos nos sorprendió, y la mayoría de ella amplió nuestra imaginación y nos retó a expandir nuestra consciencia. Nuestros diálogos con Alariel transformaron nuestro trabajo, y su perspectiva y conocimiento le proporcionaron a nuestra investigación una profundidad que no nos hubieran proporcionado los procesos de regresión a vidas pasadas por sí mismas. Y estos diálogos

nos han llevado a través de un viaje que ha abierto una ventana hacia un tiempo vital y fascinante en la historia. Un viaje que ahora te invitamos a compartir con nosotros.

2

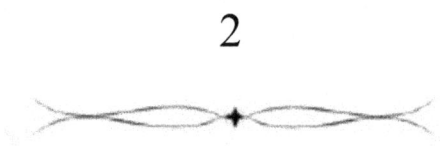

Los esenios y la herencia gnóstica

A pesar del crecimiento rápido de la literatura, los gnósticos han permanecido siempre extrañamente enigmáticos. A pesar de que es ampliamente asumido que el gnosticismo fue un movimiento exclusivamente cristiano, ahora hay evidencia acumulada de que muchos de los grupos gnósticos más activos remontan sus orígenes hasta raíces mucho más tempranas. Algunas de las principales líneas del pensamiento gnóstico pueden encontrarse en el judaísmo antes del nacimiento de Jeshua, pero otros elementos se remontan a las tradiciones persas y zoroástricas, y quizá, incluso antes, a la antigua Babilonia. Lejos de ser simplemente una filial herética del cristianismo, el gnosticismo parece estar emergiendo como un movimiento bastante separado con fuertes raíces precristianas.

También hay una amplia visión mantenida de que el gnosticismo fue centralizado. De hecho, no ha habido nunca un único gnosticismo «ortodoxo» universalmente aceptado, sino todo un rango de posibilidades gnósticas. Algunos eruditos, incluyendo J. J. Hurtak, hablan de veinte o incluso treinta variedades de creencias gnósticas. Algunas de estas pudieran llamarse sectas, mientras que otras se enfocan alrededor de un simple personaje y sus seguidores. Parece claro que había una gran variedad de prácticas y teorías gnósticas. Ninguna de estas añadió a la existencia ningún tipo de "iglesia" gnóstica y, claro está, todo el concepto de iglesia podría ser quizá desagradable par la gran mayoría de gnósticos librepensadores e independientes.

Mucha gente cree también que los textos gnósticos eran desconocidos en el oeste, previo a los descubrimientos de Nag Hammadi. De hecho, los textos gnósticos habían sido ampliamente conocidos para los eruditos, y el descubrimiento de la Biblioteca de

La Versión de Magdalena

Nag Hammadi en Egipto en 1945, fue solo la culminación de una serie de descubrimientos importantes. Esto incluye Pistis Sophia, parte del Código Askew, que fue adquirido por el Museo Británico en 1795; y el Evangelio de Tomás, descubierto en Egipto en 1898; el Código Bruce, traído a Inglaterra alrededor de 1769; y los Papiros Berolinensis, obtenidos por un investigador alemán en el Cairo en 1896. Éste último descubrimiento es también llamado el Código gnóstico de Berlín, o el Códice Akhmim, y contiene versiones del Evangelio de John, el Sofía de Jesucristo y el Evangelio de María.

Por todo el interés actual en la tradición gnóstica y a pesar de la plétora de libros sobre este tema, los gnósticos permanecen evadidos y en las sombras. Esto se debe, en parte, a que han sido estudiados ampliamente dentro de un contexto cristiano en lugar de uno esenio. Sin embargo, la verdad es que es imposible comprender al movimiento gnóstico a menos que comencemos con los esenios. Muchos de aquellos que se han convertido en gnósticos, provinieron originalmente de familias esenias, e incluso aquellos que no provinieron de ellas, fueron influenciados por muchas de las ideas en la tradición esenia, tema que fue explorado a través de los relatos de vidas pasadas en Los Esenios: Hijos de la Luz y El Poder de Magdalena. Es por ello que iniciamos este libro con una reconexión con vidas esenias. Estas experiencias forman una base fundamental para la comprensión del impulso gnóstico y lo pone en perspectiva.

Ese contexto tiene resonancias que llegan hasta el día de hoy y puede, en ocasiones, ser tanto controversial como desafiante. Mientras uno examina más la conexión esénica-gnóstica, más extensa y convincente se torna. Algunos de los conceptos gnósticos más poderosos y de mayor alcance, tales como la idea de un dios como ambos, Padre y Madre, son directamente rastreables hasta una fuente esenia. La combinación de una Madre Terrenal y un Padre Celestial fue uno de los temas centrales de la tradición esenia, y ocurre frecuentemente en los textos esenios. Cuando uno considera las conexiones que unen a los esenios y gnósticos, en ambos ámbitos, personal y conceptual, uno comienza a ver a los gnósticos de forma diferente, como los herederos directos y sucesores de la tradición esenia. Una de las fortalezas del movimiento esenio fue la habilidad de extraer y absorber elementos claves de otras tradiciones sabias, incluidos conceptos pitagóricos, materiales de las escuelas de Misterios egipcias y el zoroastrismo. Por lo tanto, la existencia de otras fuentes no esenias dentro del movimiento gnóstico es simplemente la continuación de un camino de asimilación bien trazado.

Mientras uno considera más las realidades de la línea de desarrollo esenia- gnóstica, más absurdo se vuelve el ver a los gnósticos como una simple rama del cristianismo. Claro está, hubiera sido más conveniente para los primeros padres de la iglesia, el ser capaces de eliminar el movimiento gnóstico como herejía cristiana equívoca, pero hay muy poca evidencia que soporte esta percepción.

Lo que emerge claramente del estudio de este periodo es que había, de hecho, «dos» formas principales de cristianismo: la iglesia altamente estructurada, ritualista y doctrinal, establecida por Pedro y Pablo; y la forma alternativa gnóstica, que no era una religión, sino un proceso y una hermandad de individuos siguiendo un camino spiritual.

Claro está, nuestras actitudes son influenciadas por todo el peso de la historia, y puede parecer absurdo incluso el preguntarse si el tipo de cristianismo que sobrevivió fue el mejor, o el que conduce a una mayor iluminación y un mayor nivel de desarrollo espiritual. De cualquier forma, desarrollos recientes dentro del cristianismo como un todo, han traído ahora preguntas como esa, hacia un enfoque mucho más específico, y ahora nos encontramos en encrucijadas en el desarrollo espiritual de occidente, en donde el único camino hacia el progreso pudiera ser considerar una gama más amplia de opciones. Muchas iglesias cristianas se perciben ahora como resistentes al cambio y hostiles ante la capacidad de liderazgo que ahora se está mostrando por parte de mujeres empoderadas. En estas circunstancias, puede que sea el momento de reexaminar la alternativa gnóstica para ver si ofrece una forma viable de progreso en esta era moderna.

3

Yianna y los esenios

A finales de noviembre del 2007, Jaye Woodfield, una consejera viviendo en Gloucestershire, vino a nosotros para realizar una regresión a vidas pasadas. Jaye ya tenía una sensación de conexión con el tiempo en Israel hace 2000 años, y Joanna la llevo atrás hacia este periodo. Después de la usual secuencia de inducción, fue así como se desarrolló la sesión.

Joanna: ¿Puedes decirme qué estás viendo, sintiendo o escuchando?
Jaye: Estoy en una multitud. Es como un pequeño mercado. Jeshua está de pie sobre algo para hacerlo más alto.
Joanna: ¿Así que él se destaca entre la multitud?
Jaye: Sí. Hay mucho ruido, mucha conmoción y no se le puede escuchar. Estoy de pie en el borde de la multitud y solamente observando la escena.
Joanna: ¿Puedes escuchar lo que está diciendo?
Jaye: Se pierden las palabras... creo que la gente se está burlando de él.
Joanna: ¿Cómo te hace sentir eso?
Jaye: Realmente impotente. Quiero ayudarle, pero no me puedo acercar. Solo hay personas gritando, gritándose unas a otras y gritándole a él. Es un caos total. Y puedo ver hombres grandes y rudos con armadura. Creo que son romanos... son tan grandes, brutales y están enojados. Y se lo llevan, ahora simplemente lo arrastran.
Joanna: ¿Así que se lo han llevado arrastrando?
Jaye: Bueno, simplemente ha desaparecido... no puedo ver.
Joanna: ¿Y nadie te está diciendo qué fue lo que ocurrió?
Jaye: No. Me siento enferma...

La Versión de Magdalena

Joanna: ¿Temes por su vida?
Jaye: Solo siento que es bastante vulnerable, y nadie quiere ayudarle. Yo quiero ayudarle... Estoy bastante sola; no hay nadie más a quien yo conozca aquí. Solo he tenido que verlo de verdad. No sé a dónde han ido...
Joanna: ¿Eres mujer?
Jaye: Sí, lo soy... soy tímida. Tengo algo que me cubre la cara. Llevo puesta una clase de vestido con cabeza. Es azul y he puesto la mitad de él sobre mi rostro porque no quiero que me vean...

Comentario de Stuart: Más tarde, durante esta sesión, establecimos que su nombre era Yianna, así que usaremos ese nombre a partir de este momento.

La sesión con Jaye continúa.

Joanna: Así que, en esta reunión en donde estaba Jeshua, ¿tu fuiste para brindarle apoyo o querías escucharlo hablar?
Yianna: Sí, quería escucharlo hablar. Es un lugar para reuniones, pero no hay puestos. No es un mercado.
Joanna: ¿Jeshua fue un maestro para ti?
Yianna: Creo que es alguien a quien me he sentido atraída. Esta imagen me llega fuertemente, este lugar ajetreado con mucho ruido...
Joanna: Parece que estás acostumbrada a lugares tranquilos.
Yianna: Sí, soy muy tranquila... Me encuentro en una habitación poco iluminada con una vela y tiene un arco y una ventana...
Joanna: ¿Hay un sentimiento agradable de tranquilidad?
Yianna: Sí, es bastante simple, muy humilde. Creo que tengo aproximadamente dieciocho años, pero hay niños más pequeños a mi alrededor...
Joanna: ¿Son tus hermanos y hermanas?
Yianna: Sí, creo que son hermanos y hermanas. Pero hay mucha tranquilidad. Todos son tan pacíficos y están tan ocupados. Es solo simplicidad...
Joanna: ¿Entonces, tu trabajo es ayudarle a tu madre en la casa?

La Versión de Magdalena

Yianna: No me llega ninguna sensación de mis padres... creo que estoy por casarme... pero no quiero casarme con él.
Joanna: *¿Por qué? ¿No te gusta mucho?*
Yianna: No es el indicado para mi... es como un matrimonio arreglado... es algo que debo hacer. Tengo un sentimiento de lealtad y deber. Creo que es alguien que trabaja en la corte... es un lugar en donde yo no quiero estar. Mi corazón está aquí en esta simplicidad...
Joanna: *¿Así que te ves a ti misma yendo desde una vida simple hacia algo bastante diferente?*
Yianna: Sí... Ahora tengo una imagen de él. Es bajo y de piel oscura, es un hombre bastante amable. Yo soy muy vulnerable. Soy demasiado tímida y puedo ver que es una buena idea casarme con él. No sé lo que eso traerá; estoy bastante confundida.
Joanna: *¿Qué clase de trabajo realiza?*
Yianna: Es un oficial en la corte de Herodes, y es un fariseo.

Comentario de Stuart: Los fariseos eran un grupo rabínico que controlaba el sistema operacional de la educación a través de sinagogas. Cuando los saduceos y esenios desaparecieron, el grupo fariseo permaneció como la vertiente principal del judaísmo moderno.

La sesión con Yianna continúa.

Joanna: *¿Puedes contarme acerca de la corte del Rey Herodes?*
Yianna: Es demasiado. No es el lugar adecuado para mí.
Joanna: *¿Demasiada gente y demasiado ruido?*
Yianna: Esta mal, no es el ambiente correcto... Quiero casarme para divulgar algo de bienestar ahí, para llevar algo ahí... La corte es demasiado vívida... Estoy experimentando demasiado. Parece que ahora estoy ahí.
Joanna: *¿Ahora estás casada?*
Yianna: Sí. Hay cosas terribles, demasiado color... es un lugar malvado. No lo puedo soportar... No soy feliz... Hay una gran brecha entre mi esposo y yo... Hay demasiado bullying; todos se burlan de todos. La corte está llena de burlones, así que me siento atraída por escapar hacia una comunidad de

personas gentiles. Creo que esos deben ser los esenios. Ese es un grupo con el que resueno...

Joanna: *¿Y qué era memorable de los esenios?*

Yianna: Sanación. Necesito ser sanada tantas veces porque todo me inquieta demasiado. Necesito ir ahí y estar en paz... solo quería estar más y más con ellos.

Joanna: ¿Querías tu misma aprender a ser una sanadora?

Yianna: Sí.

Joanna: Entonces, ¿fueron capaces de mostrarte cómo sanar?

Yianna: Creo que el simple hecho de estar con ellos... su resonancia y su sabiduría.

Joanna: ¿Aceptaban a gente de fuera de su comunidad?

Yianna: Les di dinero... Era rica. Era un lugar bastante callado al que Jeshua podía llegar, y también los discípulos. Ellos parecían bastante cansados, desaliñados y necesitaban comida... yo quería estar aquí cuando ellos llegaran. Creo que era más por escapar de la corte, aunque sí que ayudaba con la cocina. Estábamos preparando bastante comida...

Joanna: ¿Sentías que había igualdad entre los hombres y las mujeres?

Yianna: Todo era bastante sencillo. No se parecía a ningún otro lugar.

Joanna: ¿La diferencia entre la corte de Herodes y los esenios seria que, como mujer, te sentías respetada entre los esenios, pero no en la corte?

Yianna: Sí. Con los esenios me sentía como en casa, pero también ayudaba y para mí era importante contribuir. Y el simple hecho de estar en su compañía era ya sanador.

Joanna: ¿Recuerdas algún recuerdo en particular cuando estuviste con los esenios?

Yianna: Se bromeaba mucho. Todo era bastante ligero. En realidad, no recuerdo a Jeshua rezando...

Joanna: Quizá no tenía que hacerlo. Quizá aprendían de su energía...

Yianna: Estaba lleno de diversión. Era tan divertido.

Joanna: ¿Qué otros recuerdos tienes de él?

Yianna: Una gentileza encantadora, realmente encantadora. Era bastante cálido... había tanta confianza. Había bromas acerca de a donde irían después:

—Hemos estado ahí.

La Versión de Magdalena

—No, no hemos estado ahí.
—Tenemos que ir allá.
—Oh, yo no quiero ir allá.
(En ese punto Jaye rio entre dientes). Estoy sentada arreglando unas sandalias. Recuerdo coser las suelas de cuero. Es genial estar aquí.

Joanna: ¿Y María Magdalena?
Yianna: Ah, María Magdalena: muy especial, bastante impresionante y temeraria. Con cabello largo. Como dirían ustedes, «están juntos».
Joanna: ¿Lo sabes debido a la energía o debido al conocimiento popular en su grupo?
Yianna: No, la energía entre ellos. Ella es muy agraciada y lo trata de forma hermosa. La conexión es preciosa, y ella es hermosa, aunque bastante demandante.
Joanna: ¿Hermosa en el sentido de que tiene belleza interna?
Yianna: Cabello largo y ondulado, y se viste de blanco… Los discípulos vestían ropas cafés; en realidad son más como sacos.
Joanna: ¿Qué hay de las discípulas femeninas?
Yianna: Solo puedo ver a María en este momento, en esta escena en donde estoy sentada arreglando las sandalias. María está sentada al lado de él, y bromean alegremente. Ella está colocando una mano sobre su hombro y le dice que necesita descansar. Él le responde:—¿Qué? ¿Yo? ¿Descansar, mujer?
Joanna: Jeshua tenía tanto por hacer…
Yianna: Creo que él tenía cierta misión, y nosotros estábamos planeando su regreso.
Joanna: Bueno, todos tenían un trabajo por hacer, pero cada uno se honraba por el trabajo que hacía, porque juntos formaban un equipo.
Yianna: Sí. Son definitivamente escenas, pero parece que yo no puedo seguir a partir de ellas. La habitación tranquila, muy simple con colores ocre, y la escena de la corte con una gran mesa, lujosa, horrible, demasiado color, demasiada gala. El solo pensar en ella me hace temblar y sentir escalofríos … En

La Versión de Magdalena

realidad, no veo a mi esposo. Lo recuerdo muy bajo y corpulento.

Joanna: ¿Qué pensaba él de tus viajes a la comunidad esenia?

Yianna: Creo que eso ocasionó una grieta entre nosotros. Él quería que yo disfrutara la vida de la corte. Había muchas mujeres ahí para mí y una vida cómoda. Creo que él tenía un alto cargo... Era agradable conmigo... pero no quería que yo me asociara con Jeshua. Estaba avergonzado.

Joanna: ¿Le ocasionaba ansiedad a tu esposo el que tú te mezclaras con Jeshua y que sus discípulos pudieran amenazar su trabajo en la corte?

Yianna: Sí. Recuerdo muy bien la corte: los escalones, el fuego, las puertas, el ruido. Horrible, horrible. Y la mesa alta, bailes, un lugar muy colorido. Vino, demasiado, todo, era demasiado...

Joanna: ¿Así que la gente en la corte se descontrolaba con el alcohol, mientras que los esenios tenían una clase de diversión más tranquila?

Yianna: Tenían tal pureza y simplicidad, era en donde yo quería estar.

Joanna: ¿Recuerdas a la Madre María?

Yianna: No la recuerdo. Sólo a María Magdalena... Veo su rostro... nos volvimos amigas. Ella me preguntaba mucho acerca de la corte. Estaba bastante fascinada por ella, y un poco asombrada por ella. Ese era, obviamente, un lado de mí que le intrigaba, porque yo estaba ahí. Se suponía que fuera mi hogar, pero yo permanecía más y más tiempo lejos de ahí.

Joanna: ¿En algún momento ocasionó eso una escena entre tu esposo y tú?

Yianna: Hubo cierto incidente en el que él envió a alguien para recogerme y ellos me arrastraron de vuelta. Había sido muy brutal. Dijo que había tenido suficiente.

Joanna: ¿Cuál es el siguiente evento importante que sucedió en tu vida?

Yianna: Estar con la comunidad. Nos estamos preparando para algo. No hay descanso y estamos confundidos. Es inusual porque somos muy pacíficos. Estamos ansiosos, pero no deberíamos estarlo.

Joanna: ¿Le ha sucedido algo a Jeshua?

La Versión de Magdalena

Yianna: Algo está por sucederle. Estamos intentando prepararnos para cuando las cosas no vayan bien... No podemos creerlo. No queremos perder este sitio.

Joanna: *Adelántate para ver ahora qué es lo que ha sucedido. Estabas con una multitud entre empujones, y se lo han llevado. ¿Qué sucede después de eso?*

Yianna: Vuelvo y les digo a los demás, porque ellos no estuvieron ahí. María quiere saber. Está muy perturbada. Yo me quedo con ella, intentando consolarla. Está angustiada, y alrededor hay muchos ancianos... Sólo recuerdo esa escena, sin creer y sin querer saber... Quiero quedarme ahí y verlo. Sigo queriendo averiguar qué está pasando... Ahora me está llegando una visión de la cruz, es difícil verla, pero estoy ahí.

Joanna: *¿Hay más discípulos?*

Yianna: Las mujeres. María está conmigo. Se ve diferente; se ve más vieja. Viste diferentes prendas; lleva puesto algo que es café, tan oscuro que casi es negro. Está tan angustiada, débil, callada. No se quiere quedar.

Joanna: *Supongo que tú tampoco...*

Yianna: No, pero lo hago.

Joanna: *¿Qué sucede después?*

Yianna: Se lo han llevado. María no está aquí. Creo que es mi trabajo reportarlo. Sí... está dejando un rastro en los arbustos. No se me permite seguir. Hay personas montando guardia. Ya no me siento triste. Solo necesito saber qué está pasando. Es mi deber informar. Solo quiero saber qué está pasando, ese sentimiento se ha apoderado de mí...

Joanna: *¿Sabes qué ha pasado con su cuerpo?*

Yianna: Los he estado siguiendo, pero no puedo ir más allá. Es como un jardín con arbustos, incluido el arrayán. Hay vegetación densa y la tumba, sí, la conozco. Puedo verla. La cueva blanca... La estoy viendo ahora, pero no se me permitió seguirlos. Era mi deber decirle a María Magdalena lo que ha sucedido. Estoy pasando tiempo con ella, reconfortándola.

Joanna: *¿Entonces tienes un presentimiento de que Jeshua está bien?*

Yianna: Sí, sí lo tengo... Estoy recibiendo una imagen de él recostado del lado derecho de esta cueva, cerca de la entrada. Y hay

La Versión de Magdalena

personas atendiéndolo de forma frenética... la cueva está llena de olores, hierbas, pero yo no sé qué hierbas sean esas... No sé lo que estoy viendo dentro de la tumba, pero estoy obteniendo una imagen fuerte... Él está sentado en una banca de piedra, luciendo frágil y cansado, y yo pregunto qué puedo hacer. Yo le digo: —Maestro, ¿qué puedo hacer?—Ve y llámale a María —contesta. Y eso es lo que hago. Corro y corro. Voy y la busco, y ella vuelve conmigo...

En ese punto Jaye interrumpió su relato y formuló una pregunta para investigar:

—¿Eso es normal, el que solo puedas recordar fragmentos y que esos fragmentos se desvanezcan?

Joanna: Sí, lo sé. Lo comprendo.
Yianna: Ya que es tan frustrante...
Joanna: Pero fue tan emotivo para ti...
Yianna: Estaba entrando en pánico... es tan frustrante... solo he obtenido estas imágenes, y nada parece continuo...
Joanna: Es como la memoria lejana: recuerdas fragmentos, pero en ocasiones no recuerdas los momentos que hay entre ellos... ¿Qué sucede cuando llegas a la tumba con María?
Yianna: Ambas entramos, y yo salgo, porque no quiero estar ahí en el momento en que ella lo ve, ya que es demasiado especial, y su relación es muy especial, y no siento que sea lo correcto estar ahí, así que mejor salgo. No sé qué hacer... quiero decírselo a todos, sin embargo, no se me permite.
Joanna: ¿Has jurado guardar el secreto?
Yianna: Sí, y sin embargo es una necesidad abrumadora...
Joanna: Sí, porque él se encuentra bien. No está muerto.
Yianna: Pero hay mucha confusión después, porque para la mayoría es sabido que él ha muerto. Tuvo que ser así, de otra manera no podría haber ido a hacer su trabajo posterior. Obviamente, sería agradable decirles a las personas que él sobrevivió, pero no se debe decir eso...
Joanna: Así que has dejado a María, ¿qué es lo que sucede después?

La Versión de Magdalena

Yianna: Ya no asisto más a la corte. Estoy muy consciente de que la comunidad es mi casa. Es ahí a donde yo voy... solo quiero vivir con ellos de forma tranquila, y les llevo las noticias. Estoy ahí para decirles que...

Joanna: ¿Era solo un grupo pequeño de personas a quienes se te permitía decirles eso?

Yianna: Sí, debo mantenerlo en secreto... es por eso por lo que ahora soy tan callada... como si tuviera el conocimiento, pero no puedo decirle a nadie. Es por eso por lo que nunca hablo. Eso ha tenido un efecto profundo; así que ahora ya lo sé.

Joanna: ¿Y hubo mucha confusión después?

Yianna: Cuando se lo llevaron tan rápido yo supe que eso podría significar que él no estaba muerto...

Joanna: Por aquél entonces había mucha inquietud, muchos problemas con los romanos...

Yianna: Creo que me volví bastante recluida... yo me quedaba con la comunidad. Me veo a mí misma solo estando callada y realizando tareas sencillas... Me volví casi una monja. Me quedé con la comunidad, sin querer ir a ningún lado. Creo que me sentí muy perteneciente a ella... Necesitaba recuperarme... Fue una gran presión y mi esposo me había abandonado.

Joanna: ¿Volviste a ver alguna vez a María, después de que dejó Israel?

Yianna: No creo haberla visto de nuevo.

Joanna: Tuvo que dejar Israel, así que, si elegiste quedarte, seguro no la viste nuevamente.

Yianna: Me quedé con la comunidad esenia y me volví gran parte de ella... Me cuidan... (En este punto hubo una emoción muy profunda, sollozando, y una sensación de liberación emocional).

Joanna: Las comunidades pudieron continuar por un periodo, pero muchos de los discípulos se iban en diferentes direcciones. ¿Alguna vez conociste al discípulo Luke, quien estuvo sanando en la tumba?

Yianna: Sí, él era el dueño de esas sandalias que yo estaba arreglando.

Joanna: Luke era todo un personaje, pero era un gran sanador.

La Versión de Magdalena

Yianna: Sí, era encantador. Sí.

Comentario de Stuart: El relato de Luke se provee en nuestro primer libro, Los esenios: Hijos de la Luz.

La sesión con Yianna continúa.

Joanna: Cuando llegaste al final de esa encarnación y viste atrás hacia toda tu vida, ¿cuál fue la principal lección que aprendiste de esa vida?
Yianna: He hecho lo que se suponía que hiciera. Yo era parte de eso. Creo que yo me preguntaba si hubiera podido hacer más. Quizá debí haber hecho más... Recuerdo los días antes de la crucifixión, eran tan dichosos...
Joanna: El solo estar en la presencia de Jeshua...
Yianna: Sí, era una bendición.

Le pedimos a Alariel que comentara acerca de esta sesión, y esto fue lo que dijo:

Alariel: Una vida de lo más interesante, ya que Yianna unió dos partes diferentes de la sociedad judía: el gran grupo fariseo en la corte y el grupo más espiritual y tranquilo de los esenios, dentro de la comunidad. Una de las debilidades de los esenios era su tendencia a aislarse del resto de los judíos, quienes seguían un camino muy diferente. Debido a esto, valoraban cualquier punto que pudieran obtener del contexto más amplio del judaísmo y era bastante valioso para ellos el ser capaces de acceder a información sobre la vida en la corte.

Comentario de Stuart: También parece claro que la razón principal de que Yianna estuviera en la corte era proveer asistencia financiera para ayudar a Jeshua y los discípulos y, a pesar de que encontraba desagradable la vida en la corte, ese rol resultó importante para el ministerio.

4

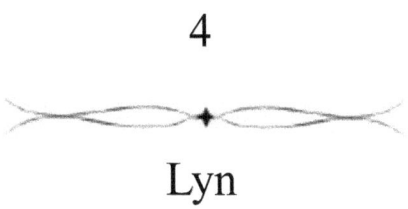

Lyn

En agosto del 2008, nuestra amiga Lyn vino a nosotros para realizar una sesión de regresión a vidas pasadas. Ella practica un gran número de modalidades de sanación y se había entrenado en QHHT, técnica de sanación cuántica a través de regresiones a vidas pasadas bajo hipnosis, por Dolores Cannon. Lyn también es una artista talentosa. Quería enfocarse en cualquier experiencia de vida que hubiese tenido hace 2000 años en Israel, y es así como comenzó la sesión:

Joanna: *¿Podrías decirme lo que sientes, ves o escuchas?*
Lyn: Parece como un pueblo iluminado por el sol... muchas paredes cuadradas y piedra... Y hay un patio en el centro... con muchos animales alrededor.
Joanna: *¿Puedes sentir la temperatura?*
Lyn: Es caluroso.
Joanna: *¿Y puedes ver a alguna persona?*
Lyn: Puedo ver a una sola persona: un niño con cabello oscuro... tiene nueve o diez años, creo. Está esperando algo. Las personas se han ido a alguna clase de reunión, y él espera que vuelvan.
Joanna: *¿El niño ha viajado mucho?*
Lyn: No mucho... Ahora puedo ver que vuelve gente con mercancías y alfombras.
Joanna: *¿Puede contarte sobre alguna de las personas que vuelven?*
Lyn: Hay alguien llamado Elijah... está muy interesado en divulgar el conocimiento que reciben cuando se van a sus viajes.
Joanna: *¿Quién es el que tiene la mayor importancia en este grupo? ¿Es Elijah?*
Lyn: Sí.
Joanna: *¿Así que Elijah es la cabeza del pueblo?*

La Versión de Magdalena

Lyn: Sí.
Joanna: *Y viajan mucho...*
Lyn: ...y comercian.
Comentario de Stuart: Lyn habló acerca de un viaje a Damasco, algo que emocionaba al niño, y es ahí en donde retomamos el relato.
Joanna: *¿Así que el niño avanzará y nos llevará en este viaje a Damasco? Podemos ir directo ahí. ¿Puede decirnos este niño qué pasa a continuación?*
Lyn: Es como una calle empedrada, pero hay piedras bastante grandes... hay un mercado... paredes blancas... y más allá hay un círculo de personas con Jeshua.
Joanna: *¿Cuál es la primera impresión del niño acerca de Jeshua?*
Lyn: Siente la energía.
Joanna: *¿Es esta la primera vez que el niño ve a Jeshua?*
Lyn: Ha escuchado acerca de él...
Joanna: *Y cuando el niño ve a Jeshua, ¿cómo reacciona?*
Lyn: Muy emocional, muy sobrecogido y apasionado, completamente asombrado y lleno totalmente de amor.
Joanna: *¿Ve a Jeshua muchas veces mientras se encuentra en Damasco?*
Lyn: Hay realmente una fuerte conexión entre este grupo y Jeshua, como un sentimiento fraternal en el trabajo que realizan. Él quiere ver de nuevo al niño, y hay algunas iniciaciones que puede hacer con Jeshua, incluido el desarrollo de sus dones. Aquí hay muchos colores, turquesas, azules, blancos, rojos, naranjas. Y el niño está tan complacido de ver a todos. Todos saben que deben continuar, esparcir el conocimiento.
Joanna: *¿El niño quiere hablar sobre la persona en que se convierte al crecer?*
Lyn: Sólo está bendiciendo... los otros niños lo han llevado y él está muy complacido de estar involucrado en el proceso... Hubo una ceremonia con aceites, con agua, con manos y oraciones... Era una inclusión, la apertura de un camino, una iniciación en el camino del conocimiento; y habrá otras

La Versión de Magdalena

iniciaciones a medida que él crezca, pero esta experiencia clave de conocer a Jeshua le ha dado algo que seguir.

Joanna: ¿A dónde nos quiere llevar el niño a continuación?
Lyn: Creo que hay una mujer vestida de azul pálido, muy hermosa... Creo que su nombre es Anna.
Joanna: ¿Ella es parte de este grupo de personas?
Lyn: Sí que lo es... Anna está mucho más involucrada con hierbas y aceites. Ella ha mezclado estos aceites y se los provee para todas las iniciaciones. Ella tiene mucha sabiduría... ha estado en Egipto.

Comentario de Stuart: En este punto establecimos que su nombre completo era María Anna, así que usaremos ese nombre a partir de este momento.

La sesión con Lyn continúa.

Joanna: ¿A dónde le gustaría ir después al niño?
Lyn: Estamos en Jerusalén...
Joanna: ¿Qué edad tiene ahora?
Lyn: Ahora tiene unos veinte años.
Joanna: ¿Qué lo trae a Jerusalén?
Lyn: Jeshua.
Joanna: ¿Y qué hará en Jerusalén?
Lyn: Trabajará con María Anna, fabricará los aceites y restaurará la salud de Jeshua... Hay plantas con las que se han creado, y él está ayudando durante el proceso... Todo debe mantenerse en secreto.
Joanna: Así es. ¿Entonces cuál es tu conocimiento de la situación?
Lyn: Nutriremos a Jeshua... y le ayudaremos a superarlo... el aceite es muy potente... es una mezcla muy antigua, de los templos antiguos. María Anna ha estado trabajando en esto.
Joanna: Así que, como hombre, ¿estás bien instruido en el uso de aceites para sanación?
Lyn: Sí, estoy más desapegado que María Anna, y me enfoco en los dones y bendiciones. Hay un grupo de personas que ungirán el aceite y otro grupo dirá las oraciones.

La Versión de Magdalena

Joanna: ¿María Anna dirige al grupo que usa los aceites?
Lyn: Sí.
Joanna: ¿Nos podrías decir qué sucedió durante ese proceso?
Lyn: Todo el grupo se ve afectado por el miedo; tememos por nuestras vidas... Sólo estamos esperando el momento en que llegue Jeshua... se le ha llevado a la cueva, ha bajado de la cruz... Previamente, el miedo en mi estómago era increíble...
Joanna: ¿Entonces juegas un papel clave, con el que sientes mucha responsabilidad?
Lyn: Sí, un gran privilegio.
Joanna: ¿Así que eras uno de los que preparaban los aceites?
Lyn: María Anna preparaba los aceites, pero eran ungidos por mí... Las iniciaciones ayudaban para aplicar el don de la sanación... Creo que Jeshua sabía que esas manos serían las que le ayudarían a revivir... Los aceites contenían rosa y otros ingredientes secretos.
Joanna: Para haber sido quien tenía el trabajo de aplicar los ungüentos, debes haber sido bastante cercano a Jeshua, ¿no es así?
Lyn: Hubo un gran vínculo desde nuestro primer encuentro.

Comentario de Stuart: Incluso en este punto estábamos inseguros de la identidad de María Anna, pero Lyn prosiguió haciendo claro que era María Magdalena. Esto explica su afirmación anterior de que él estaba «más desapegado» que María Anna, quien, como la compañera espiritual de Jeshua, obviamente encontraría bastante difícil el desapegarse por completo en ese momento tan difícil.

La sesión con Lyn continúa.

Joanna: Seguramente aún hay cierto temor, pero están absortos en el proceso, ¿no es así?
Lyn: Sí, solo estamos cumpliendo con el trabajo... fue un gran regalo, un privilegio, el ser capaces de realizar un trabajo como ese, y yo me sentí muy agradecido con los mayores que me entrenaron y que llevaron a cabo este trabajo. Sabemos que hemos hecho todo lo que pudimos.

La Versión de Magdalena

Joanna: ¿Qué te sucedió después de haber estado en la tumba?
Lyn: Debo remover todas las cosas y dejar Jerusalén... María Anna se involucraría más en lo que sucedería a continuación.
Joanna: ¿Entonces qué pasa contigo después?
Lyn: Se siente bastante caótico. No estoy segura de lo que sucede, y el tener conocimiento sobre eso también era peligroso. Creo que tuve que desaparecer.
Joanna: ¿Volviste a tu comunidad?
Lyn: Sí, con las noticias de que las cosas sucedieron mejor de lo que pensábamos.
Joanna: Así que hubo cierta tristeza al partir, ¿pero también cierta satisfacción por haber realizado tu parte?
Lyn: Ahora comprendo por qué tuve esos sentimientos colosales de miedo, y tuve que superarlos.
Joanna: ¿Te las arreglaste para vivir hasta la vejez?
Lyn: Veo a un ser viejo, pero no soy capaz de confiar...
Joanna: ¿Hay algo más que debas saber de esa vida?
Lyn: Solo el conocimiento del trabajo de sanación y el poder del espíritu; y que el conocimiento debe ser compartido.

Comentario de Stuart: Esta fue una sesión destacable con Lyn, llena de energía y el sentimiento de una gran calidad de corazón y dedicación. Tomó bastante tiempo identificar a la persona referida en un principio solamente como «Anna», pero cuando nos dimos cuneta de que era, de hecho, María Magdalena, toda la historia pasó a otro nivel.

Por nuestra investigación anterior, sabíamos que era tradición en esa cultura el darle a un bebé al menos dos, y en ocasiones tres nombres, y que también podían ser identificados por su lugar de origen; de ahí, María de Betania y José de Arimatea. Nunca habíamos conocido el segundo nombre de María Magdalena, pero ahora sabemos que era Anna. A la luz de nuestro conocimiento del entrenamiento de María en el templo de Isis en Alejandría, el cual emergió de nuestro segundo libro, El Poder de Magdalena, tiene perfecto sentido que María Magdalena sea una experta en aceites y que sea responsable de la preparación de los aceites utilizados en el proceso de sanación en la tumba.

La Versión de Magdalena

Gracias a la experiencia de Lyn, ahora tenemos otro relato del proceso de sanación para disponer a un lado del capítulo de Daniel llamado «La tumba vacía» en Los esenios: Hijos de la Luz y el relato de Laura Clare en El poder de Magdalena. Cada uno de estos tres relatos es muy diferente: la visión de Daniel fue la de un observador desde la intervida y los otros dos relatos fueron de testigos visuales que estuvieron en la tumba en ese momento. Relatan historias bastante diferentes porque su enfoque lo fue, pero en conjunto proveen un relato profundo de todo el proceso de sanación de Jeshua en la tumba. El relato de Yianna también confirma el proceso de sanación, pero éste fue visto como una visión, en lugar de una experiencia de testigo.

Lo que se destaca a partir de estos cuatro relatos no son las diferencias en cuanto al detalle y la perspectiva, totalmente comprensibles, sino la confirmación del proceso de sanación como un todo. Las tareas involucradas y las perspectivas difieren, pero los principales aspectos de este proceso se presentan con gran claridad, y todo ello se suma a una poderosa corroboración de la narrativa principal de la supervivencia de Jeshua.

5

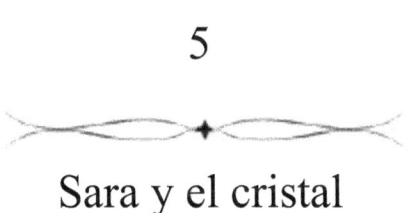

Sara y el cristal

En noviembre del 2009, Pam vino a visitarnos. Pam es una terapeuta de vidas pasadas y trabajó con Vicky Wall, la creadora del sistema de sanación Aura Soma. Ella quería enfocarse en una vida en Israel en la época de Jeshua, y tomamos la narrativa cuando su vida está justo por comenzar.

Pam: Estoy en la Luz y estoy observando cosas en la Luz. En donde me encuentro es la fuente de Luz. Estoy dentro de la Unicidad... desde el punto de la Unicidad, vuelvo a mi nacimiento... Así que solo estoy en el punto de Luz, y espero nacer. Estoy bastante emocionada por nacer porque sé que esta será una vida muy importante... Estoy bastante emocionada y siento que tengo el poder y la Luz que necesito para ir y realizar el trabajo que estoy destinada a hacer; siento un cosquilleo, y me siento emocionada, esperando por nacer. Y sé que seré una mujer...

Joanna: *¿Recuerdas tu nombre?*

Después de poca dificultad en enfocarse en su nombre, Pam dijo que tenía una gran reacción ante el nombre «Sara», así que usaremos ese nombre a partir de este momento.

Sara: Ahora es como si el tiempo se ralentizara, y comienza a sentirse muy pesado. Es la pesadez de la dimensión hacia la que estoy yendo. Estoy sintiendo la pesadez, pero estoy bien con eso. Me he preparado para esto. Sabía que sería pesado, pero el experimentarlo nunca es igual... y, a medida que entro, es como si hubiera ya nacido, pero a la vez no he nacido aún.

La Versión de Magdalena

Joanna: ¿Sientes que tu cuerpo ha nacido pero tu alma no se ha conectado a él todavía?

Sara: He nacido, pero no he nacido aún, y estoy llegando al cuerpo que está destinado a ser mío. Solo me retuerzo hacia él, y él se retuerce, y estoy bastante feliz con él, estoy muy contenta, y miro hacia arriba a mi madre y mi padre, y están juntos, y me están observando, y hay mucha más gente alrededor, y sí, somos una comunidad.

Hay alguien cantando una canción, una canción que yo recordaré. Es una canción de bienvenida, pero dentro de esa canción hay armonías dentro de armonías y palabras dentro de palabras. La canción lo es todo. La canción me está codificando para que recoja toda la información que necesito saber para seguir mi destino... Amo la canción.

Tengo hermanos y hermanas, y crezco como una plácida niña... Soy muy cercana a Jeshua en muchos sentidos... siempre hubo Luz a su alrededor y brillos... Soy una niña y estoy jugando en la tierra, y él me pone sobre sus rodillas para mostrarme algo, una pluma de gallina...

Joanna: Él era muy bueno con los niños.

Sara: Me sentía muy segura al estar con él... desde que era pequeña fui muy cercana a él; desde el momento en que era bastante joven... Veo a mi madre en esa vida... tenía algo con los animales... cuidaba de los animales, les hablaba, y ellos le hablaban a ella. Ella encontró al burro que él montó hacia Jerusalén, y se sintió complacida de que él montara su burro. Ella estaba tan llena de maravilla y amor ante el hecho de él montando su burro, y el burro estaba muy bien preparado, ¡te lo digo! (Ella ríe).

A medida que yo crecía, Jeshua se tomaba un tiempo para ayudarme con lo que fuera que yo estuviera estudiando... había ocho niños, y yo era la número dos. Al principio yo era una pequeña mujer precoz, después me asenté y tomé mis estudios muy en serio.

Joanna: ¿A dónde fuiste a estudiar?

Sara: Estudié en el monte Carmelo, y por momentos estábamos ahí en cuevas.

Stuart: La comunidad del monte Carmelo fue construida en la roca hasta cierto punto.

La sesión con Sara continúa.

Sara: Y la Madre María estaba ahí en ocasiones. Yo siempre tuve un poco de admiración por ella... siempre tuve interés en los cristales... Se me mostró una joya. Es rosa, y Jeshua me ha dado la joya, este cristal. Es un cristal que él encontró en sus viajes... él lo llevó consigo a todos lados a donde fue después de encontrarlo, hasta que lo puso sobre mi mano.

Comentario de Stuart: Fue solo hasta después de la sesión que comenzamos a considerar qué Sara estuvo involucrada aquí, tomando en cuenta que el nombre de Sara fue usado por muchas familias en Israel en ese momento. Está claro que Jeshua siempre estaba alrededor, quizá como un niño mayor mientras Sara crecía, y esto, tanto como la cercanía de la conexión, sugiere que pudieron haber estado emparentados. En estas circunstancias, la candidata más probable parece ser la hija del hemano de María Anna, Isaac. Eso haría primos a Sara y Jeshua. Ya sabíamos que cuando esta Sara creció, se convirtió en una de las discípulas femeninas, ver el capítulo 9 del Poder de Magdalena.

La sesión con Sara continúa.

Sara: Tenemos que seguir adelante. Tenemos que adelantarnos a cuando hay nubes negras juntándose y yo comienzo a sentirme tensa. Es como si para mí todo se hubiera callado, y ya no puedo escuchar mi canción...

Joanna: ¿Entonces es este el momento de la crucifixión? ¿Eres una adolescente o un poco más grande?

Sara: Un poco más grande... Ya no puedo cantar mi canción porque estoy triste... mi parte humana siente la tristeza y el duelo, pero tengo un trabajo que hacer cuando me paro ante el pie de la cruz, sosteniendo su joya, este cristal...

La Versión de Magdalena

Veo su rostro con la corona de espinas... Estaba bastante cerca como para tener que mirar hacia arriba e inclinar mi cabeza. Quería estar tan cerca como me fuera posible, incluso cuando sentía que sería más seguro estar más lejos, pero simplemente tenía que estar cerca... Solamente tenía que mirar su rostro hasta el final. Observé su rostro todo el tiempo. La gente me hablaba, yo les hablaba, pero nunca quité mi vista de su rostro, porque no podría soportar perderlo...

Él sabía que era un cristal que necesitaría y que alguien debería sostenerlo para él y mantenerlo cerca de él. Yo tuve que esconderlo. Nadie debía verlo y nadie debía saber que yo tenía el cristal. Y, a pesar de tener mi tristeza, mi duelo, mis miedos, mi desconcierto, estaba muy concentrada en el trabajo que me tenía entre manos, tal y como él sabía que estaría, y este fue el papel que yo debía desempeñar. Este cristal tiene alcance. Alcanza a lo ancho y largo a otros cristales y todos los lugares que él ha visitado. Alcanza la profundidad de la Tierra. Alcanza los cielos; es un cristal muy especial. Este cristal abraza la Luz; abraza todo lo que él es.

Mi trabajo está hecho. El cristal ha explotado en la Luz. El rosa es el Amor, claro, el corazón único. Él dice que eso es lo que yo soy, el corazón único. Y en la comunidad, yo era el corazón único. Yo sostuve el Amor y lo anclé, el Amor del corazón único, el Amor de Dios. Él me llamaba «el corazón único»... mi corazón, el de él y el corazón único están unidos, y esa es una celebración porque, a partir de eso, hay una nueva energía que acompaña al mundo, algo que el mundo necesitaba, y yo lloro las lágrimas del mundo. Eso es lo que yo tengo que dejar ir.

Él me observa y yo siento que realmente no lo miré. No me siento merecedora, y él me dice que no, y yo no lo era y no lo soy... me he conectado ahora... y es casi como si una parte de mi se hubiera elevado hacia la Luz. Hay muchos seres de Luz aquí. Él me sostiene y a muchos otros también. Él nos abraza a cada uno por turnos, y luego me dice:

—Debes regresar...

La Versión de Magdalena

Pero ese era mi trabajo: sostener el cristal, ser el corazón único, y anclar eso... Y yo no lo he dejado ir, y eso es lo que ellos quieren celebrar. Yo permanezco en mi lugar incluso en los tiempos más oscuros...

Hay algo más que debo hacer. Hay alguien de pie ahí a mi izquierda. Hay un brillo, una Luz brilla desde ahí, y es un soldado, pero tiene la Luz, y se mueve hacia mí. Mi parte humana está un poco asustada debido al cristal, y el cristal debe permanecer a salvo.

Joanna: *¿Él es un romano?*

Sara: Es un romano. El cristal debe mantenerse a salvo, y aún está ahí, y es por eso por lo que él camina hacia mí, porque lo que está en mi corazón lo está jalando, magnetizando, y él me sostiene por los hombros. Él me mira a los ojos, y mi parte humana está asustada, pero la otra parte solo se lo permite, y después él se aleja.

Eso es lo que ellos me dicen que recuerde, porque si yo siento algo de culpa, ellos dicen:

—Te has imaginado esto. Necesitas saber que cumpliste tu misión entonces, y la estás cumpliendo ahora.

Y Jeshua está diciendo:

—Gracias —refiriéndose a mi rol. Y hace que lo mire a los ojos, porque lo que quiere que vea es que no hay diferencia entre él y yo, y yo no logré entenderlo en su momento, y él continúa—: ¿Lo entiendes ahora? ¿Lo ves ahora?

—¡Sí!

Y él quiere mostrarme todo lo que vio. ¡Y te vio a ti y a ti!

Joanna: *Entonces fui muy afortunada...*

Sara: Vi la Luz en alguien que era bastante oscuro y entonces supe que estaba en todos, y él dice:

—Ese era mi secreto. Esto es lo que haces y tienes que creerlo ahora.

Se lo han llevado y, a medida que yo camino alejándome, el cristal se siente pesado, pero, al mismo tiempo, yo me siento increíblemente ligera, y tengo que hacer algo ahora con el cristal, y puedo tomarme unos momentos para prepararme a mí misma. Es como si partes del cristal se fueran a todas partes por todos lados: no solo en la Tierra, no solo el universo, sino todo… y el cristal está hecho de muchas partes como joyas. Este hermoso rosa pálido y estas partes se van hacia todo el universo porque tienen esta parte en forma de cono que falta, así que las partes de cristal van a llenar estas ranuras, y se van a todos lados…

¿Qué es lo que más has querido?... ser uno con Dios, y dicen que ese es tu deseo y tu logro, y ahora esos cristales han sido pasados a alguien más. ¡Oh! ¡Todo ha cambiado!

Se me ha llevado nuevamente a la cruz. Después de que se lo han llevado y todos se han ido, yo he regresado e iba a colocar el cristal en el pie de la cruz, pero me doy cuenta de que no era lo correcto por hacer, así que me retiro para continuar con todo… Si veo hacia atrás, ya no veo más oscuridad. Veo Luz como si algo hubiera cambiado, algo se ha vuelto más claro; aún hay oscuridad alrededor, pero yo no la veo…

Ya no tengo miedo… nos estamos subiendo a un bote… Tengo que dejar atrás tantas cosas, y hay una tormenta… en realidad no sé hacia dónde vamos…

Joanna: *¿Hay alguna María en el bote?*
Sara: Sí… ¡Es un bote pequeño y está lleno de gente!
Joanna: *¿Fue un buen viaje?*
Sara: ¡Fue un viaje terrible!
Joanna: *¿Y tú fuiste una de las que tuvieron que partir?*
Sara: No era seguro quedarse. Ellos sabían que yo estuve relacionada, que yo estuve cerca… Estamos en este bote y desembarcamos, es casi como si supiéramos que es el lugar correcto, y ahí está José… Nos sentimos llenos de optimismo y que podemos comenzar de nuevo, pero es también extraño… y nuevamente se debe al cristal que estoy cargando. Nuevamente, la gente reacciona de diferente forma ante él… y es la energía del amor, pero algunos aquí no lo querían…

Hubo momentos en que me separaba del grupo principal y viajaba, me sentaba y meditaba; y lejos del grupo no había esa energía grupal de soporte y el amor que había dentro del grupo… Me estaba sintonizando con una energía que había estado ahí desde el comienzo, no con el terreno en sí, sino con el lugar sobre la Tierra en donde se desarrolló ese terreno, y yo solía ir ahí a sanarlo.

Joanna: Quizá necesitabas ir porque tú tenías un trabajo especial por hacer, debido a tu comprensión de las energías terrestres.

Sara: Sí. Y era una energía terrestre que había estado ahí casi desde el inicio de los tiempos…

Joanna: ¿Alguna vez llegaste a escuchar lo que le sucedió a Jeshua?

Sara: No lo creo. Había toda clase de rumores, toda clase de historias, pero si me sintonizaba con mi corazón y con el cristal, sabía que él estaba a salvo, pero no sabía en qué nivel. Sabía que él estaba a salvo y que en realidad nunca nos dejamos…

Hubo un gran suspiro.

Desearía que las cosas hubieran sido diferentes, porque pudieron haberlo sido.

Joanna: Pudo haber sido, ¿pero la gente estaba lista?

Sara: No, no lo estaban…

Joanna: ¿Al final de tu vida hiciste algún juramento?

Sara: No. Solo sentía que, con este cristal, el corazón único y la conexión, estaba ya completa… Pero hay algo más. A medida que yo moría, me elevé y fui capaz de ver algo más que no había visto antes, y estaba con él, y él me tomó de la mano, y yo miré y había una Luz brillante a todo alrededor de la tierra, y eso me confundió porque no siempre se había sentido así de brillante. Había una Luz a todo alrededor y, a pesar de que la Luz no pudo entrar debido a que la gente la bloqueaba, la Luz estuvo cerca y había fragmentos de Luz yendo hacia la gente.

Cuando Jeshua estuvo en la cruz, cuando yo estaba conectando con el cristal, si lo hubiera mirado a los ojos, eso me hubiera ayudado… Él necesitaba la energía del cristal y a mí de pie exactamente en ese punto, y hubo un rayo de Luz entre él y el cristal, y eso era lo que él necesitaba. Era como una apertura, y hubo una Luz y esta estructura cristalina… Y ahora estoy viendo lo que yo hubiera visto si hubiese visto dentro de su mirada, y es la más maravillosa expresión de Luz y, sin embargo, al mismo tiempo hay una paz y quietud absolutas. Y él quiere que yo vaya hacia eso con él ahora.

Solo debo continuar mirándolo a los ojos. Y aún estoy mirándolo a los ojos, y mi visión está cambiando como lo hace cuando echas un vistazo a otra dimensión; entonces lo estoy viendo a los ojos, pero también estoy viendo más allá, y se me dice que solamente siga mirando… Es como si él hubiera encendido un apagador, y para mí no fueron fuegos artificiales. Fue solo paz y calma, y eso es lo que él me quería dar entonces, pero yo estaba asustada de mirarlo a los ojos, no exactamente asustada, pero me sentí demasiado humilde, y si hubiera hecho como hice ahora mismo, hubiera sido mucho más fácil para mí porque es así como fue para él, donde sea que haya ido.

Había cierta clase de todo, en eso que él quería darme, algo que yo tenía en mi corazón y en el corazón único, pero ahora se está yendo a cada aspecto de mi ser: todos los aspectos de mi alma, cada parte de mí. Y él dice que ya está hecho, y es por eso por lo que yo vine aquí ahora, así que, gracias a ambas por estar aquí, y eso ha eliminado el problema con mi garganta porque yo toso y escupo todo el tiempo, y si lo hubiera mirado a los ojos, mi palabra hubiera sido «Amor», porque el Amor solo es. No hay yo, ni tú.

Ahora estoy más completa para llevar a cabo la tarea que necesito hacer, y recordaré este momento, y se infiltrará en cada parte de mi ser desde alfa hasta omega, y estaré en donde he querido estar siempre: siendo una con la Fuente, hasta lo que sea que venga después… Gracias.

Comentario de Stuart: Esta fue una sesión muy conmovedora con alta energía, y la profundidad de la conexión de Sara con Jeshua llega como un hilo resplandeciente, conectando toda la narrativa. Encontré mucho significado cuando ella dijo: «Había cierta clase de todo, en eso que él quería darme». De acuerdo a uno de los evangelios gnósticos, El diálogo del Salvador, María Magdalena fue descrita como «una mujer que entiende el Todo».

La Versión de Magdalena

Estábamos ya conscientes, a partir del trabajo de vidas pasadas descrito en Los esenios: Hijos de la Luz, que Jeshua fue apoyado durante la crucifixión en dos niveles: energía transmitida a través de un elaborado sistema de energía terrestre y energía generada por meditación en las comunidades esenias. El relato de Sara concentrándoce en la importancia del cristal, nos demuestra que esto proveyó un tercer nivel de ayuda. El sostener semejante cristal de poder debe haber sido tan vital; una tarea que es bastante lógico que Jeshua la haya confiado a alguien muy cercano a él, una prima que también era parte del primer círculo de discípulas femeninas.

6

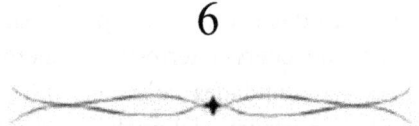

Las habilidades esenias de sanación, perfeccionadas por Jeshua

Los esenios también fueron conocidos a lo largo de Israel como los «Therapeutae», los sanadores, y queríamos seguir esta área de conocimiento durante la época de Jeshua. Cuando le preguntamos a Alariel acerca de esto, recibimos la siguiente respuesta.

Alariel: Hay bastante confusión acerca de las habilidades de sanación de los esenios. Algunas personas piensan, por ejemplo, que todos los esenios eran capaces de realizar sanaciones milagrosas, cuando en realidad, solo pocas personas, como Jeshua, podían trabajar a este nivel. Daniel benEzra proveyó un resumen detallado de habilidades de sanación esenias, y este sería un buen punto de inicio.

Comentario de Stuart: El pasaje al que Alariel se refiere, está incluido en el capítulo 11 de nuestro primer libro, Los esenios: Hijos de la Luz.

Daniel: Veíamos que en la sanación había muchos niveles. Por supuesto, existían otros métodos firmemente establecidos, tales como el uso de hierbas, ungüentos, arcilla y cristales, pero en el nivel más alto, veíamos la sanación como una resintonización con la nota esencial del individuo. En muchos casos, la enfermedad es el resultado de una discordia que se ha establecido dentro del ser de la persona enferma, por lo que el individuo es como un instrumento musical que se ha desafinado. Si un sanador puede trabajar con los ángeles de la sanación, ellos pueden ayudar a resintonizar al individuo con su nota.

Alariel: Esto nos brinda un panorama general del método de sanación esenio, y notarán que el término tradicional «imposición de manos», ni siquiera figura aquí en la lista de las habilidades esenias. Claro está, la energía canalizada a través de las manos ocurre frecuentemente en procesos de sanación esenia, pero este era considerado un aspecto tan básico de la sanación, que los esenios lo daban por hecho, hasta el punto en que no necesitaba ser mencionado.

De cualquier forma, no debemos dar la impresión de que la sanación se había convertido en una rutina tan común para los esenios como para que «llevaran a cabo los movimientos» de forma sosa y mecánica. Antes de comenzar la sanación, el sanador se sintonizaba, de la mejor manera posible, con el alma del paciente, para preguntarle si era apropiado llevar a cabo la sanación en ese momento. Esta sintonización no era meramente una formalidad de cortesía, sino que tenía un gran propósito, y cuando consideremos cómo Jeshua llevaba a cabo esta etapa inicial, entonces lo comprenderemos mejor. Jeshua elevaba las técnicas de sanación esenias a otro nivel, y esto está demostrado incluso en esta etapa inicial del proceso.

La habilidad de Jeshua para sintonizarse con el alma del paciente, era incomparablemente mejor que la de cualquier otro esenio. Podía sostener un diálogo extendido sin hablar con el alma a un nivel multidimensional, así que no tomaba un tiempo lineal, y esto le daba una imagen clara de cómo proceder. Lo que Jeshua necesitaba saber era cómo estaba realmente la condición de salud, extensivamente, en términos de los vehículos de consciencia involucrados, y cuán vieja, en término de vidas en que este problema había sucedido. La llave hacia un proceso de sanación es entender de dónde viene el problema, qué tan lejos se ha extendido y cuánto tiempo ha estado en el sistema del paciente.

Un problema resultado de la disarmonía generada en esta vida es una cosa; un problema resultado de un patrón de disarmonía que ha recurrido en diversas vidas pasadas y se ha extendido desde el nivel mental o emocional hasta el cuerpo físico, eso es otra cosa bastante diferente. Cuando las lecciones espirituales se niegan tercamente de una vida a otra, la enfermedad que se genera a nivel físico se vuelve altamente resistente a la resolución en un estado de armonía final, hasta que el ser en su totalidad, tanto personalidad como alma, ha dominado completamente la lección y está listo para seguir adelante.

    Jeshua era sensible a la posición tanto de la personalidad como del alma, concernientes a la enfermedad, y esta habilidad le dio una comprensión total de cuán cerca la unidad personalidad-más-alma, estaba de alcanzar un descubrimiento que pudiera resultar en la lección espiritual subyacente aprendida. Si estaba cerca esa oportunidad de descubrimiento, él no intentaba sanar a la persona, porque el hacerlo podría ir en contra de los deseos del alma al perpetuar el problema subyacente. En estas circunstancias, lo más amable que podía hacer era «no hacer nada», y dejar que ese descubrimiento se llevara a cabo.

    En cambio, asumiendo que el alma consentía la sanación debido a que ningún descubrimiento espiritual inminente estaba involucrado, entonces Jeshua podía proceder utilizando cualquiera de las técnicas que hemos considerado y otras pocas más allá, incluida la inmersión total en agua. Y sí, a menudo había canalización de energías a través de las manos y, en ocasiones, el uso de sonido en forma de cánticos u oraciones. No obstante, más allá de todas estas técnicas, había una base primordial y unificadora para la sanación, algo que, una vez más, Daniel ha resumido bastante bien.

Daniel: El sanador mantiene la visión de la persona ante él como un ser perfecto, completamente alineado con el patrón divino. Este patrón siempre permanece perfecto, sin importar la enfermedad que pueda estar presente, y el sanador afirma esa perfección. Entonces el sanador invoca al poder del Espíritu para que flote bajando hasta el patrón y para unirlo con la proyección, que es el cuerpo físico. Los sanadores avanzados son capaces de realizar esto de forma efectiva porque han eliminado todos los obstáculos dentro de ellos mismos y se han convertido en canales perfectos para este poder. Cuando el Espíritu se mueve para manifestar la perfección, todo lo demás en el universo se aparta.

Alariel: ¿«Ahora» ven cuán completo era el proceso de sanación cuando se llevaba a cabo por un Alma maestra como Jeshua? Muchos esenios eran capaces de dominar algunos aspectos de este proceso, pero Jeshua, por sí mismo, tenía el conocimiento y las habilidades necesarias, para conjuntar todo esto hasta el más alto nivel de éxito. Él trabajaba ciertamente dentro de lo establecido en la tradición de sanación esenia, pero también lo llevaba más adelante, lo perfeccionaba y demostraba su potencial pleno y realizado.

Comentario de Stuart: Es interesante aquí el uso de una analogía musical. Daniel habla de la «resintonización con la nota esencial del individuo», y Alariel usa la frase «resolución hacia un estado final de armonía». El ver a un humano como un sistema holístico con posibilidades armónicas es ciertamente una idea fascinante, y la expresión de bienestar puede entonces ser percibida como un estado de armonía musical dentro del sistema como un todo.

7

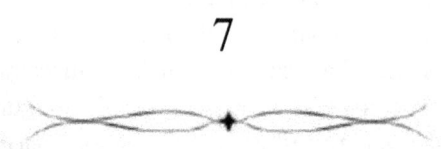

José como el hilo conductor

Un hilo corre a lo largo de toda la historia esenia, y esa es la presencia de José de Arimatea. Es José quien supervisa la construcción del túnel, es José la mente maestra de la sanación en la tumba, y es José quien saca a Jeshua de Israel de forma segura. Jeshua pudo haber sido el personaje principal en el drama, pero nada de esto hubiese sucedido sin José trabajando en segundo plano, suavizando las diferencias y alentando a los esenios a que trabajaran juntos para el bien común. Nuestra narración esenia comienza con José (y su amigo Daniel), así que parece apropiado reconectar con José aquí en este, el tercer y último de nuestros libros esenios.

A pesar de que la eficiencia de José fue legendaria, y esencial para el drama completo, un aspecto de ella aún continuaba siendo un misterio para nosotros. ¿Cómo controló su gran flota sin la ayuda de las comunicaciones modernas? Cuando le preguntamos a Alariel sobre eso, ésta fue su respuesta.

Alariel: La flota comercial controlada por José variaba en tamaño desde unos 120 a 150 barcos. Como un número de esta magnitud siempre estaría en proceso de reparación y reacondicionamiento, esto significaba que su flota total nunca estaría completamente disponible, al mismo tiempo, en ningún momento. José fue cuidadoso construyendo un excedente de capacidad en su flota por dos razones. Primero, eso le permitió responder de forma instantánea a las órdenes urgentes de la milicia romana y, segundo, eso le dio barcos extra para transportar pasajeros entre los esenios y los discípulos, en caso de que necesitaran algún transporte. Al incorporar este colchón de capacidad en su sistema de transporte, José pudo operar su flota sobre una base que era tanto eficiente como relativamente de bajo perfil y relajada.

Mientras que otros mercaderes transportando otros bienes pudieran estresar a sus empleados en su afán de obtener los mayores beneficios a corto plazo que conlleva la gestión de un sistema ajustado, José adoptó una visión a largo plazo. Su política de permitir amplios márgenes de capacidad le brindó a su flota una sensación de operación fluida y rutinaria, que fue la envidia de todos aquellos que sabían acerca del transporte marítimo en aquella era. Esta sabia y benéfica política, con el paso del tiempo, le permitió reclutar a la mejor tripulación, quienes eran más leales con él que con cualquier otro propietario de barcos. Él simplemente sabía cómo tratar a su gente de forma justa, y este trato justo resultaba en un considerable alto nivel de lealtad entre su personal.

Pero para entender cómo estaba controlado este imperio de comercio marítimo, deberían ver el sistema operando, así que permítanme llevarlos ahora a un tour visual de la casa más grande de José en Jerusalén. Estaba distribuida en tres pisos. La planta baja contenía las áreas de recepción, las principales salas familiares y áreas de servicio como la cocina. En el primer piso, la familia tenía sus habitaciones y había cuartos de invitados para las visitas frecuentes. Pero el centro real de las operaciones de José, y el lugar en donde pasaba la mayor parte de su tiempo, era el piso superior.

En un extremo del edificio, había una escalera externa que permitía que su personal tuviera acceso al piso superior sin pasar por las habitaciones familiares en los pisos inferiores. Desde esta escalera, llegabas primero a varios almacenes pequeños y luego, a la derecha, a la oficina grande de José, bien amueblada, que tenía vista hacia los jardines de la parte posterior de la casa. Más allá de esta oficina, una puerta de cristal daba hacia la habitación principal en este piso, una habitación larga con una gran ventana que cubría la mayor parte de la pared final con vitrales de los colores favoritos de José, amarillo y café.

La Versión de Magdalena

A medida que entrabas a esta habitación, dos cosas llamaban tu atención de forma inmediata. Primero, a todo lo largo de la pared de la izquierda, había agujeros de madera y frente a ellos había escritorios para los escribas y, en el extremo más lejano, un escritorio más grande para el gerente de la oficina.

Cuando llegaba un rollo de viaje de un barco entrante, un escriba hacía un breve resumen de sus contenidos en un gran rollo llamado «El reporte del día», que consultaba José en el momento en que entrara a la habitación. Los rollos de viaje son pequeños y José alentaba a todo su personal a que escribieran breve y conciso. Cada rollo de viaje llegaba con su propio tubo de cobre delgado y, después de haber sido procesados por el escriba, se archivaba en el agujero apropiado, ya etiquetados con el número del barco. José sabía que una combinación de una sola letra y un número de dos dígitos sería más fácil de recordar por parte de su personal, así que ese era el sistema utilizado para identificar los barcos.

Pero era la segunda característica en esta gran habitación lo que impresionaba más a cualquier visitante. Toda la pared de la derecha, desde una altura del hombro hasta el nivel de la rodilla, estaba cubierta por una serie de paneles, unidos a la perfección y pintados de azul, para representar al Mediterráneo, lo que ellos llamaban el «Mar Central», y de verde para representar la tierra a su alrededor. De cualquier forma, José era un hombre práctico, no atentaba a la exactitud geográfica al diseñar esta gran pantalla de madera. Sólo le interesaban los puertos, así que toda el área de Gaul, lo que hoy en día es Francia, estaba reducida a una franja delgada de tierra. De esta forma, él podía mostrar Gran Bretaña hacia arriba hasta el norte de Avalon y con todas sus minas de estaño de Cornualles marcadas, y Gaul y todos los puertos alrededor del Mediterráneo.

Cada puerto estaba marcado con una placa, mostrando su nombre en hebreo y romano, ya que esta pantalla era lo que usaba José para impresionar a los oficiales romanos que los visitaban. En la placa de cada puerto estaban pequeñas etiquetas de madera, mostrando cuáles barcos se calculaba que llegaran a ese destino. Y, al final de los paneles, había un código, mostrando la letra y número, con el nombre de cada barco y de su capitán. También había pequeños agujeros redondos por intervalos a lo largo de las principales rutas marinas y ahí se colocaban pequeños marcadores especiales para mostrar la ubicación estimada de los barcos.

Claro, algunos barcos se perdían ocasionalmente en el mar, incluso en el Mediterráneo, debido a tormentas que se formaban rápidamente. Esa era otra buena razón para mantener siempre listos los barcos: cuando llegaban noticias de algún naufragio, un barco de rescate podría salir de forma inmediata para intentar encontrar sobrevivientes. José tenía la reputación de ser un hombre que siempre cuidaba de su gente.

Para los fariseos en el sanedrín, debió haber parecido que Jerusalén era el centro indudable del mundo de José, pero la verdad era que Chipre era el centro de sus operaciones. Y cuando José tuvo que partir rápidamente, acudió primero a su gran amigo entre los administradores romanos para arreglar un séquito de seis soldados romanos y un centurión. Luego José partió rápidamente dentro de la hora siguiente y cuando lo hizo, se fue solo. Pero cuando la familia de José y su personal partieron temprano a la mañana siguiente, partieron con la escolta romana y, dentro de sus carros de equipaje, llevaban todos los documentos de José, documentos que les hubiera interesado mucho a quienes condujeran las investigaciones del sanedrín en contra de José y sus conexiones con el grupo alrededor de Jeshua, conexiones que estaban despertando para ese entonces una sospecha cada vez mayor.

Fue dentro del contexto de estas investigaciones que un representante del sanedrín llamó a la puerta por la tarde, pero para su sorpresa, encontró la casa de José desierta y llena de señales de una partida apresurada.

La única persona ahí era el amigo de José, Nicodemus, y él les mostró a los fariseos, con gran cortesía, la casa y la oficina vacías, ¡pero con una sonrisa de complicidad en su rostro!

8

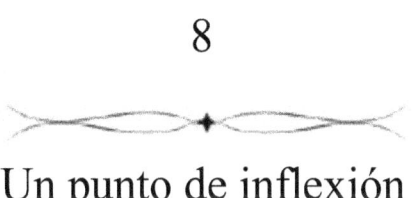

Un punto de inflexión

La crucifixión fue un punto de inflexión en diferentes formas. Marcó el fin del gran proyecto de la hermandad esenia para apoyar a Jeshua, su maestro de la rectitud, ya que él completó el ciclo energético y ancló la energía del Amor a la matriz de la Tierra. Esto hizo que la energía crística, la energía del Amor incondicional, fuera accesible para aquellos que están abiertos a traer el cambio y la transformación a sus vidas. Esta energía siempre había estado disponible para las iniciadas avanzadas en las escuelas de Misterios desde la época de la Atlántida, cuando Jeshua, en una de sus encarnaciones femeninas, concentró su energía por primera vez, llevándola desde su fuente cósmica hacia la esfera espiritual de la Tierra. (Un relato de este proceso Atlante se provee en nuestro libro Atlántida y la nueva consciencia).

Alariel nos ha mencionado que la crucifixión marcó el final de un vasto ciclo de desarrollo espiritual. Aquí lo describe, en el capítulo 12 del Poder de Magdalena.

Alariel: El punto en el cual Jeshua nació fue el punto más bajo de espiritualidad en este planeta, el punto más bajo del arco de involución. El hecho de que Jeshua y María Magdalena movieran la consciencia humana hacia adelante en una espiral ascendente, abrió muchas nuevas oportunidades para que los seres humanos elevaran su vibración y accedieran a niveles más altos de consciencia, frecuencias más sutiles de Luz y Ser, que no hubieran sido posibles dentro de la espiral descendente previa.

La Versión de Magdalena

Al cambiar la espiral involutiva hacia una evolutiva ascendente, Jeshua y María salvaron a la humanidad de un largo periodo de experiencias a un nivel mucho más bajo... Jeshua y María Magdalena salvaron a la humanidad de la posibilidad de futuros pecados, no de la carga del karma pasado. Ellos los salvaron de todos los pecados que hubieran sido cometidos si la oscuridad hubiera continuado esparciéndose y el arco descendente de involución no se hubiera volteado hacia arriba, hacia el arco de evolución espiritual. Jeshua y María Magdalena son, en conjunto, los salvadores de la humanidad y deberían honrarse como tal.

Comentario de Stuart: En cierto sentido, la crucifixión también señaló el final de todo el desarrollo de las comunidades esenias, y fue el comienzo del final de toda la forma de vida esenia. Ambos, tradición y muchas de las personas, se movieron hacia el movimiento gnóstico, pero cuando los viejos se reunieron por última vez en una cueva, después de la crucifixión, supieron en sus corazones que los grandes días de la tradición esenia habían llegado a su fin.

Esa reunión, descrita en el capítulo 43 de Los esenios: Hijos de la Luz, fue dirigida por el miembro más importante de la orden de Melquisedec en este planeta, y después de agradecer a todos los presentes por los esfuerzos realizados, prosiguió para decir que esta reunión «marcaba el fin del rol externo y visible de la orden esenia en el mundo... y los logros... eran considerables. Las comunidades habían sido bien fundadas y bien llevadas a cabo, y habían brindado varias generaciones de esenios y experiencia de sabiduraía estelar. Muchas almas habían sido ayudadas hacia el camino de la Luz, y se había acumulado y esparcido gran conocimiento. El Maestro de la rectitud había sido ayudado por una excelente organización de apoyo, haciendo su tarea mucho más sencilla. Esa tarea ahora se había completado... las energías cósmicas habían sido reunidas y puesto en síntesis, finalizando un gran ciclo de desarrollo humano, y la nueva energía de amor había sido firmemente establecida sobre la Tierra».

Comentario de Stuart: Pero había otros cambios sucediendo en ese mismo periodo a un nivel más personal. Los más cercanos a Jeshua, y especialmente aquellos quienes estuvieron al pie de la cruz, sostuvieron un gran trauma emocional que para algunos tomó siglos en resolverse y muchas vidas más sobre la Tierra. Sin duda, es cierto decir que aquellos que llevaron la peor parte del shock emocional de la crucifixión, en algunos casos todavía están trabajando en este proceso de sanación y resolución.

Esto fue determinado en el proceso de PNL llamado «Cambiando creencias negativas», facilitado por la terapeuta holística Emma (cuyo relato de vida como Laura Claire se brinda en El poder de Magdalena). «Cambiando creencias negativas» es un proceso mediante el cual los participantes se enfocan en una «creencia negativa»… identifican las emociones conectadas a esa creencia… reconocen cuándo él/ella sintieron por primera vez esas emociones… descubren las «buenas intenciones» de aquellos involucrados… ven el «resultado positivo»… y forman una «nueva creencia».

Más tarde, en agosto de 2010, Emma facilitó una sesión de PNL con mi amiga Janie, y debido a que Janie es capaz de acceder a los Registros Akáshikos, fue capaz de elevar la energía emocional de su vida presente y conectarla con su vida hace 2000 años en Israel. (Los Registros Akáshikos son el sistema angelical de registro de todas las acciones y pensamientos. Este sistema se usa por la hueste angelical para administrar el proceso de karma). He aquí el poderoso y emocionante relato de Janie.

Janie: Estamos aquí acurrucados al pie de la cruz. Nos hemos convertido en una clase de «piedras vestidas». Estamos enroscados del dolor, incapaces de desplegarnos, arrodillarnos o mantenernos de pie, debido a la extrema agonía.

Hay tanta confusión. Hay tantos sentimientos y emociones: sentimientos de abandono y deserción, sentimientos de pena y culpa, sentimientos de falla e injusticia.

Emma: No podemos hacer nada para detener esto. Él morirá. Debimos haberlo protegido. ¿Por qué no pudimos protegerlo?

Janie: La «buena intención» del Salvador fue anclar la Luz al planeta. (El alcance de nuestro dolor no se había previsto, y el efecto de nuestro dolor sobre él, hizo que su tarea fuera mucho más difícil.)

La «buena intención» de los esenios fue amar y proteger al Salvador. (No pudieron salvar a su Salvador).

La «buena intención» de los crucificadores fue el restaurar su autoridad. Habían estado tan asustados por esta energía intangible proveniente de Jesús. Ellos solo conocían las espadas y armaduras como poder.

Hubo varios «resultados positivos». Estuvo el empoderamiento de lo femenino (que se convirtió en la tarea de María Magdalena). Si Jesús no se hubiera ido, la energía femenina no hubiera podido emerger. Si no se hubiera ido, la energía femenina no hubiera podido ser empoderada. Si aún hubiera estado «ahí», las energías esenias masculina y femenina se hubieran quedado en Israel, y la Luz no hubiera surgido por todo el mundo. Debía ir hacia Chipre, India, Avalon, Languedoc.

Si hubiéramos sabido que él sobrevivió y se fue a India, lo hubiéramos seguido y mantenido en la densidad de nuestra pena. ¿Cómo podrían llevarse hacia India el luto, el enojo y el daño? ¿Cómo hubiera trabajado él en pureza si hubiéramos ido con él? Él tuvo que dejar a un lado el luto, porque tenía que trabajar en pureza, nosotros no hubiéramos sido capaces de hacerlo.

Las mujeres esenias tenían compasión y soporte dentro de su luto, pero fueron la compasión y el soporte por parte de los hombres, los que tuvieron una gran importancia. Los hombres por sí mismos en la consciencia de ese tiempo, no hubieran podido experimentar todas las emociones de compasión, amor y pérdida. Pero en su rol como «protectores de las mujeres», pudieron sentir las emociones surgiendo de la comunidad de mujeres en pena y las expresaron como propias.

También, viéndolo todo como una imagen general, si hubiéramos podido hacerlo, se trató de «dejar ir» y «seguir adelante».

Ahora, a medida que nos acercamos al final de este ciclo planetario, las emociones se intensifican en nuestras vidas diarias, mientras que nos esforzamos por movernos rápidamente a través de nuestro karma. Es tiempo de liberar patrones de abandono, deserción, pena, culpa, falla e injusticia. Es tiempo de confiar en que los ángeles siempre nos ayudarán, simplemente si lo pedimos.

Así que la «nueva creencia» es que todo es parte de un plan Divino, y que el plan Divino sí existe. Necesitamos fe, confianza y expansión. Después de esa vida en Israel nos expandimos por todo el mundo, llevando la Luz de la Consciencia Crística con nosotros. Al conocer a Jesús y su energía, somos capaces de llevarla con nosotros.

También se trata de conocer y confiar en la abundancia. La abundancia de José de Arimatea era salvaguardar el transporte de Jesús y muchos otros esenios.

El romper las comunidades esenias «cerradas» fue atemorizante, pero debíamos separarnos para dispersar la energía que guardaba cada uno. Si experimentan una energía que es así de pura y con esa luz, mantienen y comunican parte de esa energía solo con permanecer en esa memoria.

Comentario de Stuart: Estoy tan agradecido con ambas, Janie y Emma, quien como terapeuta holística fue capaz de facilitar esta notable sesión. Aclara tanto de lo que estaba sucediendo emocionalmente en esa época en Israel, y explica por qué fue semejante punto de inflexión.

El judaismo en ese momento de la historia había intensificado la energía patriarcal a tal grado que alcanzó el límite total de su capacidad, y el péndulo tuvo que volver hacia la Sagrada Feminidad en general y el empoderamiento de mujeres solas en particular. Emocionalmente, este fue el punto de inflexión; mostró que las primeras grietas estaban comenzando a aparecer en el patriarcado antiguo judío, monolítico y rígido. También reveló los primeros pasos tentativos que se tomaron hacia el nuevo equilibrio en la relación entre hombres y mujeres, un equilibrio que, 2000 años más tarde, aún continuamos desarrollando y perfeccionando.

9

La identidad de María Magdalena

Cuando leímos Anna, La voz de las Magdalenas, por Claire Heartsong y Catherine Ann Clemett, un número de preguntas surgieron para nosotros, particularmente acerca del concepto de que María Magdalena era una composición de tres individuos en la orden de Magdalenas: Myriam de Tyana, María de Bethania y Mariam del Monte Carmelo. Esta fue la respuesta de Alariel ante nuestras dudas.

Alariel: Ciertamente había una Orden de Magdalenas, de la cual eran fundadoras y miembros base Myriam de Tyana, María de Bethania y Mariam Joanna del Monte Carmelo. Sin embargo, había sólo una esposa y compañera espiritual de Jeshua, y esa era Myriam de Tyana. Tal era la dedicación y la completa integración espiritual de estos tres miembros base originales de esta Orden, que en ocasiones sucedía que encarnaciones subsecuentes de estas almas, o aspectos de estas almas, recordaban «ser María Magdalena», y eso ocasionaba cierto grado de confusión.

Entonces, María Magdalena era Myriam de Tyana, y es en Myriam en quien nos hemos enfocado en la información proporcionada para El Poder de Magdalena y este libro presente. Esperamos que esta explicación clarifique la posición en esta área clave de identidad.

Comentario de Stuart: Aquí Joanna agrega algunas palabras más que yo pienso traerán algo de claridad en esta área.

Joanna: Es importante no dejarse atrapar mucho en «quién era quién». Ya es tiempo de que nos unamos y dejemos de discutir

acerca de esos detalles. En cualquier caso, es más complejo ahora ya que muchas personas son aspectos de almas, en lugar de encarnaciones completas; un tema que tocamos en el capítulo 4 del Poder de Magdalena. Y hay otras posibilidades:
1. Ser sobreiluminado por el ser original;
2. Estar sintonizado a los Registros Akáshikos;
3. Estar sintonizado a la inconsciencia colectiva;
4. Recordar una vida en donde uno era muy unido al personaje principal.

La sesión con Alariel continúa.

Alariel: Cuando preguntaron acerca de la identidad de María Magdalena al final del año pasado, sólo pudimos brindar poca información sobre el tema debido a que respetamos al equipo que había estado trabajando en Anna, la voz de las Magdalenas, y no queríamos «robar su protagonismo» al brindar información prematuramente sobre la Orden de las Magdalenas. Ahora que ese importante libro ha sido publicado, podemos brindar bastante más información acerca del contexto de María Magdalena.

María o Myriam, para darle la forma original de su nombre, nació de una familia judía en la tribu de Benjamín. Esta rama de la tribu había viajado desde Israel y se asentó eventualmente en Tyana, una ciudad hitita antigua, que se menciona en diferentes textos asirios. Tyana está localizada en lo que ahora es la región sur-central de Turquía, entre el mar Negro y el Mediterráneo.

El abuelo de María era Baltazar, uno de los tres reyes magos, y provenía de Persia. Su padre, un comerciante rico llamado Jaime, había conocido a José de Arimatea en sus viajes y se convirtió en su amigo; y cuando Jaime falleció, mientras María era aún una niña, José la adoptó y la llevó a Israel. María tenía ocho años cuando su padre murió, y se fue a vivir a la gran y cómoda casa de José de Arimatea, en Jerusalén. Un visitante frecuente en esa casa fue el sobrino de

José, Jeshua, de entonces once años. María y Jeshua desarrollaron una intensa amistad y se volvieron conscientes de un lazo espiritual poderoso entre ellos, que se extendía por muchas vidas. Tuvieron un año mágico juntos, antes de que Jeshua se fuera a sus viajes más largos, a la edad de doce años, culminando su viaje a India, y María se fue a entrenar al templo de Isis en Alejandría.

Cuando se encontraron nuevamente al regreso de él de la India, Jeshua se convirtió por completo en un iniciado de la sabiduría eterna, así que alcanzó el nivel de Sumo Sacerdote, y María había ascendido hasta convertirse en una Suma Sacerdotisa en la tradición de Isis.

Estos dos seres avanzados e iluminados llegaron juntos en esa época como iguales espirituales en una alianza de significado profundo para el mundo, y siendo cada uno un Sumo Sacerdote/Sacerdotisa, sus energías se habían vuelto considerablemente enfocadas y poderosas. Cuando alcanzas ese nivel, tu consciencia automáticamente genera alrededor de ti un vórtice transformacional de doce puntas, un vórtice de cambio tan poderoso que ocasiona ondas de cambio en la consciencia de todos aquellos que estén cerca de ti.

Cuando dos vórtices de transformación están en la misma proximidad, la interconexión de energías potencializa el poder combinado, formando así un enfoque energético tan poderoso que, ante la vista de los ángeles, al menos, parece un gran faro de Luz que es visible a través de toda la galaxia. ¡Ahora pueden comenzar a ver por qué María y Jeshua, trabajando cercanamente en la época del ministerio, tuvieron un efecto tan poderoso en aquellos con quienes se cruzaron! Es bastante raro tener a dos personas al nivel de Sumo Sacerdote/Sacerdotisa, trabajando juntos en perfecta armonía sobre la Tierra. Eso sucedió con Francisco de Asís y Santa Clara, pero es un evento raro de gran significado para el planeta.

Cuando Jeshua hablaba ante una gran multitud y María Magdalena estaba presente, su relación energética era cono Shiva y su Shakti, Parvati. Los hindúes percibieron sabiamente que la Divinidad Masculina provee estructura y enfoque, mientras que la Divinidad Femenina provee la energía que potencializa y mantiene el proceso. Cuando Jeshua hablaba ante una multitud, a pesar de que María no dijera nada, ella era una parte vital en ese proceso, ya que su vórtice transformacional, unido con el de Jeshua, proveía un sistema completo de comunicación. Esa comunicación llevada mediante palabras, energía y mudras (gestos manuales especiales), un principio que Jeshua había aprendido en la India y desarrollado a su propia manera, proveía una expresión a niveles múltiples. Incluso si estuvieras sordo, la energía y los mudras te brindarían el mensaje completo. E incluso si estuvieras sordo y ciego, la energía de estos dos vórtices transformacionales combinados, te alcanzarían y cambiarían tu vida para siempre.

Comentario de Stuart: La referencia a gestos manuales especiales fue interesante, pero al principio, yo solo vi esto como una forma de comunicación de las ideas habladas, dentro de un formato diferente. Sin embargo, cuando vi a nuestra amiga Josee Honeyball facilitando una sesión de Matriz Energética para Joanna, se me ocurrió que Jeshua podría haber estado utilizando sus manos para trabajar de forma multidimensional con su audiencia. (Matriz Energética es una forma de medicina energética que aplica los principios de la física cuántica. Fue desarrollado por el Dr. Richard Bartlett. Ver www.matrixenergetics.com). Cuando le pedí a Alariel que comentara sobre esta posibilidad, esta fue su respuesta.

Alariel: Cuando Jeshua le hablaba a una audiencia, sus gestos manuales apoyaban el mensaje hablado, pero también estaba trabajando energéticamente en niveles más elevados. Muchos de los que lo observaban mientras hablaba, notaban que sus ojos parecían enfocarse justo por encima de las cabezas de su audiencia, y si te dijera lo que él estaba viendo, la razón de esto se aclararía.

A medida que él miraba hacia la multitud reunida, Jeshua podía ver la arquitectura de la consciencia elevándose en una

La Versión de Magdalena

forma semitransparente por encima de la cabeza de cada individuo. Esas eran personas criadas dentro de una cultura única, intensa, monolítica, y esa cultura había moldeado cada consciencia sobre líneas similares. Así que en cada forma que proyectaba la consciencia, había colores similares y patrones de movimiento casi idénticos. Dentro de la arquitectura de cada forma-consciencia podían observarse áreas similares de bloqueos y resistencia al cambio, y patrones similares de restricción y rigidez.

Al utilizar los gestos manuales respaldados por el poder del vórtice transformacional creado por su propia consciencia, Jeshua era capaz de trabajar simultáneamente en diferentes niveles que liberaban los bloqueos en las consciencias de todos aquellos que estuvieran presentes. Debido a que las multitudes estaban a menudo apretujadas a su alrededor, conduciendo a un solapamiento a nivel áurico, esto significaba que la ola de transformación podría esparcirse a través de la multitud con la rapidez de un incendio forestal. Y, a medida que los bloqueos se liberaban y una apertura más natural y un flujo se restauraban en la consciencia, Jeshua podía ver el resultado en cambios de frecuencias de color y cambios en patrones y formas.

Quizá el alto nivel de las habilidades multidimensionales de Jeshua, está aclarándose ahora: ¡simplemente no se puede comparar esta experiencia profundamente transformacional, con el escuchar a un estudiado rabí exponiendo los detalles de las leyes judías!

Comentario de Stuart: He aquí otro ejemplo de la profundidad de la comprensión de Alariel, moviendo el tema en su totalidad hacia áreas multidimensionales que nunca hubiéramos podido ser capaces de acceder sin su ayuda. Y, sin duda, la totalidad de esta sección fue intrigante, incluída la referencia a Baltazar, así que le pedimos a Alariel que se explayara sobre esto.

Alariel: Baltazar fue un miembro de la hermandad de Luz, un amigo de tiempo atrás y un colega durante muchas vidas, del alma que en esa época se convirtió en José de Arimatea. Esto estableció un vínculo entre José y María Magdalena «incluso antes de que ella naciera». Es por esto por lo que la familia de Myriam permitió que José la adoptara, y al hacerlo reconocieron ese hecho, estaban cumpliendo los deseos de su abuelo, a quien respetaban considerablemente, y vieron que esto era parte de una secuencia de eventos mucho más grande que se estaba desarrollando para un bien común.

Comentario de Stuart: La referencia al vórtice de energías es también fascinante. Este tipo de efecto energético en un nivel mucho más modesto puede observarse cuando dos compañeros espirituales trabajan juntos en armonía por el bien común.

Estoy enormemente en deuda con Catherine Mary La Toure, en cuya casa canalicé a Alariel en diciembre del 2009. En ese momento teníamos un breve vistazo de poca de esta información, pero se expandió hasta su forma presente en octubre del 2010, seguida de la publicación del segundo libro de Claire Heartsong a principios de ese año.

Cuando comenzamos a absorber toda esta nueva información de Alariel, otra pregunta entró en nuestro enfoque: si la consciencia de un Sumo Sacerdote crea automáticamente este tipo de vórtice transformacional, ¿por qué no sucedió esto en el caso del Sumo Sacerdote en el templo de Jserusalén? Esta es la respuesta de Alariel a esa pregunta.

Alariel: La consciencia sólo crea este vórtice siempre que el Sumo Sacerdote o Sacerdotisa «continúe sirviendo a la Luz». En el caso de Caifás, el Sumo Sacerdote en ese entonces, se movió desde un enfoque en la Luz, hacia un enfoque en el poder mundano. De haber «seguido» enfocado en la Luz, la totalidad de la historia de su planeta hubiera cambiado profundamente. Entonces, se hubiera convertido en el discípulo más prominente de Jeshua, y no hubiera habido crucifixión alguna, sin persecución de los gnósticos, sin cruzadas en contra de los cátaros, y quizá tampoco hubiera una cristiandad tal y como ustedes la conocen. Si hubiera habido simplemente una rama reformada del judaísmo, en lugar de cualquier tipo de cristianismo, ¿estarían ustedes felices con ese resultado? ¡Quizá tampoco estarían cómodos con esta historia paralela! Las líneas del tiempo, tal y como explicamos en su tercer libro, son extremamente complejas, y los pequeños cambios en el presente pueden tener profundas consecuencias en el tiempo futuro.

Comentario de Stuart: Al decir «su tercer libro», Alariel se refiere a Beyond Limitations: The Power of Conscious Co-Creation. Éste contiene un capítulo que se explaya sobre este tema, «Líneas de tiempo y líneas de vida».

En febrero del 2011, nos llegó otra pieza más de información acerca de los padres de María, durante una sesión cuando nuestra amiga Sue Fraser y yo canalizamos. En ese momento, se volvió claro que la madrastra de María permaneció en Tyana para cuidar al hermano menor de María, segura de que una red de soporte sería establecida alrededor de María por el siempre exhaustivo José.

10

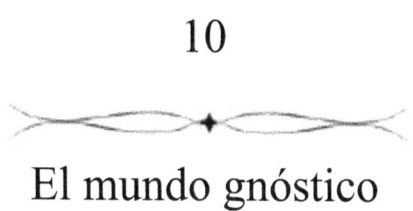

El mundo gnóstico

El mundo al que llegaron los gnósticos era esencialmente un mundo lleno de cambios. Mientras que los esenios tuvieron un periodo de calma relativa y estabilidad desde el año 170 AEC hasta el nacimiento de Jeshua, en el primer siglo se encontraron con una tierra de tumultos para establecer sus comunidades principales en Damasco, Alejandría, Qumrán, Israel. Los zelotes estaban fomentando un malestar generalizado, que se convirtió en una rebelión a gran escala contra el dominio romano en el año 66 EC. Los siguientes años fueron una época de caos, y fue en contra de esta agitación política de fondo y tumulto espiritual, que emergió el movimiento gnóstico. Cuando preguntamos acerca de los gnósticos, esta fue la respuesta de Alariel.

Alariel: Este fue un movimiento con amplias bases y grandes diferencias entre los gnósticos cristianos y judíos, y una gran variedad de puntos de vista incluso dentro de esas dos ramas. Algunos de los elementos del pensamiento gnóstico fueron anteriores al surgimiento del cristianismo y dificulta el clasificar todo este tema en cualquier tipo de categoría rígida.

También está la pregunta de la teología gnóstica, que siempre ha sido controversial. No es cierto que todos lo gnósticos creyeran en una creación dual, a pesar de que algunos gnósticos ciertamente lo creían. Una idea de un cielo creado por Dios y el mundo material creado por un ser menos divino, el «demiurgo», ahora parecería sin duda bastante extraña para la mayoría de la gente en occidente. Para los gnósticos, la teología era sólo una serie de juegos mentales que les gustaba disfrutar a sus pensadores más brillantes.

La teología era una diversión para los gnósticos, no el corazón de las cosas, tal como lo era para los seguidores de la corriente principal del cristianismo, Pedro y Pablo. Los gnósticos sabían que lo que realmente importaba era el proceso, el seguimiento del Camino. Si el proceso podía llevarte a la iluminación y la ascensión, ¿qué valor pondrías en la teología, comparado con eso?

En cualquier caso, no había un acuerdo general sobre teología entre los pensadores gnósticos. Sí, algunos apoyaban la idea de la creación dualística con presencia del demiurgo, pero progresivamente los gnósticos como María Magdalena, no lo hicieron, y no hay rastro del dualismo en sus declaraciones, todo lo contrario. De hecho, hay un retorno continuo al tema de la Unicidad.

A pesar de que había gnósticos esparcidos en la mayoría del Medio Oriente, hubo una gran concentración de grupos gnósticos en Egipto, significativamente el país en donde se han descubierto muchos textos gnósticos. Y, dentro de Egipto, los grupos en Alejandría eran particularmente avanzados e influyentes.

Los gnósticos judíos en Alejandría podían remontar sus raíces a la gran comunidad esenia en esa área, disuelta en la última parte del primer siglo, pero aun siendo un aspecto de la tradición oral ahí. Es importante recordar que los esenios, por generaciones, tanto en Egipto como en Israel, enviaron a sus hijas más brillantes para entrenar en el templo de Isis en Alejandría.

Comentario de Stuart: Cuando producimos nuestro segundo libro, El poder de Magdalena, descubrimos que María Magdalena no solo había sido entrenada en ese templo, sino que continuó siendo una visitante regular , tal y como lo mostró la experiencia de Akhira en el capítulo 7. María se volvió una mentora de toda una generación de niñas, quienes se estaban entrenando en la tradición de Isis, y ellas esperaban con bastante ahínco sus visitas. Durante un periodo de tiempo, se volvió casi como una hermana mayor para ellas, alguien quien había pasado por el mismo entrenamiento y que podía ser una fuente de aliento y sabia orientación.

La sesión con Alariel continúa.

Alariel: La diferencia principal entre la corriente principal de la iglesia cristiana y los gnósticos era el contraste entre la doctrina y el proceso. Para los cristianos en la tradición de Pedro y Pablo, la doctrina estaba en el corazón de su fe, pero para los gnósticos, la llave para recorrer el camino espiritual era un proceso al que llamaban «el Camino». Ellos consideraban que éste era el corazón mismo de la enseñanza que había dado Jeshua. Este era conocimiento que te podía liberar, la Verdad que te podía liberar.

Juan fue el único discípulo que se las arregló para mantener conexiones con ambos, el movimiento gnóstico y la corriente principal emergente en la iglesia cristiana. Ya que su apoyo hacia Pedro era consistente e inquebrantable, fue considerado como uno de los tres grandes «pilares» de la iglesia temprana, junto con Pedro y Jaime el justo. En este trabajo, Juan cumplía una promesa hecha a Jeshua de ser un pacifista e intentar formar un puente entre las dos hebras en desarrollo: la iglesia externa, dirigida por Pedro y la escuela de Misterios interna, dirigida por María Magdalena.

Comentario de Stuart: Esta división entre la iglesia y la escuela de Misterios es descrita en el capítulo 11 de nuestro libro El poder de Magdalena.

La sesión con Alariel continúa.

Alariel: A pesar de que Juan estaba más inclinado en su corazón por seguir el camino internamente enfocado de los gnósticos, era crítico de algunos de sus fundamentos teóricos. En particular, reconocía la idea de que una creación dualística estaba mal, peligrosamente equivocada. Se pronunció en contra de ella dondequiera que la encontrara en grupos gnósticos mientras viajaba y escribió en contra de ella cuando enviaba cartas a grupos de fuera. Juan les dijo a los gnósticos que al etiquetar a la Tierra y al cuerpo físico como una creación degenerada y menor, estaban acumulando problemas para sí mismos. Dijo que tomar esa línea podría fomentar la creencia de que el cuerpo físico no era espiritual, en el mejor de los casos, o que era malvado, en el peor, y que esta forma de pensar podría conducir al castigo y la mortificación de la carne.

Desde el punto de vista de Juan, toda la creación, hasta e incluyendo el cuerpo físico, fue el trabajo del verdadero Dios, y enfatizó que, a través de la expresión equilibrada a nivel físico, aprendemos y crecemos espiritualmente. Por lo tanto, la experiencia física forma parte de nuestro viaje espiritual, el viaje del alma, y no debería ser despreciada ni denigrada. Hacer eso sería despreciar y denigrar parte de la creación de Dios, lo que para una persona espiritual seguramente sería ilógico.

De todos los discípulos de Jeshua, Juan y María Magdalena eran los más avanzados. Eran los dos «amados discípulos», cuyo entendimiento iba más allá de los seguidores más convencionales como Pedro y Andrés. Sin embargo, Jeshua les pidió a Juan y María que valoraran a Pedro, ya que él podía relacionarse con el hombre común y hablarle en términos que la persona promedio entendería. Es por eso por lo que Jeshua había elegido a Pedro para liderar la iglesia externa, ya que era un orador fiero y carismático, con este toque vital que le permitía unir la brecha entre la filosofía espiritual, que le interesaba solo a los pocos intelectuales, y la difusión práctica de las buenas noticias, que era un proyecto en el que muchos podían tomar parte y beneficiarse de ello.

Comentario de Stuart: Es muy fácil criticar a Pedro y su hermano Andrés, como los aprendices lentos dentro del grupo de discípulos, pero de hecho Pedro era bastante eficaz haciendo lo que podía hacer por sí mismo. No, no era un intelectual brillante como Juan y María Magdalena, pero era un brillante comunicador de masas, que podía hablar en términos que la gran mayoría de las personas podían entender. Sin Pedro, podría no haber habido iglesia ni cristianismo en absoluto. El movimiento podía haberse fragmentado en veinte o treinta grupos rivales, gnósticos, romanos-helénicos y judío-cristianos. Y todos estos pequeños grupos escindidos podrían haberse sentido abrumados por la poderosa oposición religiosa que existía en ese momento.

Ahora vivimos en un mundo en donde hay solo pocos grupos religiosos mayores, pero el mundo en la época de Jeshua era bastante diferente. En ese entonces había «cientos» de religiones, algunos operando sobre la base de una sola tribu con un dios o diosa único y protector de esa tribu. Pero también había poderosas religiones paganas, algunas inspirando lealtad fanática entre sus seguidores.

Sin el liderazgo inspirado de Pedro, la batalla podría fácilmente haberse perdido, y el cristianismo podría haber desaparecido en el primer siglo, abrumado por su oposición pagana. Si eso hubiera ocurrido, ahora no sabríamos mucho más del cristianismo de lo que sabemos acerca de cientos de fes olvidadas, pocos artefactos, algunos fragmentos escritos, pero nada sustancial. Así que piensen en esto cuando piensen en Pedro: sin él, el mundo hubiera sido un lugar bastante diferente.

La sesión con Alariel continúa.

Alariel: En muchas ocasiones, Jeshua habló solo con Juan y María Magdalena, y ellos sabían sus pensamientos más profundos y la extensión total de su filosofía. Y Juan y María Magdalena se unieron como hermano y hermana en la Luz debido a esta cercanía especial con Jeshua. Es por eso por lo que le dolía bastante a Juan cuando escuchaba a los discípulos convencionales, especialmente Andrés y su hermano Pedro, criticando a María e intentando disminuir su posición entre los discípulos.

Comentario de Stuart: Bajo la luz de lo que Alariel dice aquí, es interesante notar que Juan y María Magdalena son identificados como los discípulos más avanzados en el texto gnóstico Pistis Sophia. Mientras que el resto de discípulos colapsaban exhaustos ante el

La Versión de Magdalena

proceso de diálogo extenuante de uno de los temas más difíciles y complejos, Juan y María Magdalena permanecían ansiosos por cuestionar a Jeshua y llegar a la verdad. Jeshua decía que María Magdalena y Juan «se elevarían por sobre todos sus discípulos». (Ver la traducción de Hurtak, página 513).

La sesión con Alariel continúa.

Alariel: A lo largo de su vida, Juan siempre fue amigo y defensor de María, incluso más comprensible cuando uno considera que compartían formación esenia y ambos eran miembros del núcleo central, un grupo secreto que residía en el corazón mismo de la hermandad esenia.

Comentario de Stuart: El núcleo central era un círculo interno de esenios altamente secreto, dedicados a apoyar el trabajo de Jeshua y asegurarse, tanto como podían, de su seguridad. El núcleo central se describe en el capítulo 16 de nuestro libro Los esenios: Hijos de la Luz.

La sesión con Alariel continúa.

Alariel: Viniendo de este trasfondo esenio compartido y creciendo juntos en estatura espiritual bajo la guía de Jeshua, Juan y María desarrollaron un fuerte vínculo basado en la amistad y el respeto. Andrés y Pedro se resentían por la cercanía de ellos con Jeshua y les hubiera gustado criticarlos y minimizarlos a ambos, pero tal era la posición de Juan con respecto a todos los demás discípulos, que esto estaba fuera de discusión. Y es por eso por lo que a menudo criticaban a María, ya que parecía el objetivo más fácil.
    En cierto sentido, su desconfianza en Juan y María estaba profundamente arraigada en una doble emoción: estaban desconcertados por su sutil comprensión de las ideas espirituales, demasiado elevadas y filosóficas para que las mentes más básicas las comprendieran, y se resentían de ser excluidos de este círculo interno de los discípulos más

La Versión de Magdalena

favorecidos y amados de Jeshua. Una poderosa envidia royó a Andrés y Pedro y alimentó su resentimiento por Juan y María.

Comentario de Stuart: La imagen de María Magdalena que emerge de los textos gnósticos es poderosa. En El diálogo del Salvador, María Magdalena hace una declaración confidencial (en 139:11-13), y el autor de este texto añade: «Ella dijo esto como una mujer que comprende el Todo». Esto resulta ser una descripción clave de María, y una que ganará mucho más significado a medida que este relato avanza. (En algunas traducciones, las palabras «el Todo» son reemplazadas por «totalidad». Un estudio del texto gnóstico Pistis Sophia mostrará que «el Todo » es claramente la mejor traducción).

11

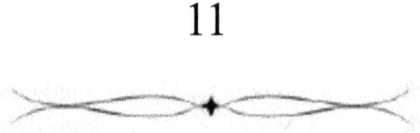

La iglesia y la escuela de Misterios

Cuando producíamos nuestro segundo libro, El poder de Magdalena, nos encontramos con una pieza de información realmente importante; Jeshua tuvo la intención de que sus discípulos establecieran una estructura de dos pliegues que fuera mucho más sutil y efectiva que la Iglesia que realmente surgió. Aquí (tomado del capítulo 11 en ese libro), está nuestra fuente angelical, Alariel, explicando eso.

Alariel: Pedro no podía aceptar la estructura básica en que el Camino se transmitiría: después de que Jeshua los dejara, las enseñanzas se darían de dos formas; las enseñanzas externas se transmitirían por la mayoría de los discípulos masculinos, dirigidos por Pedro, quien debía ser la roca, la base de este nuevo movimiento; mientras que, las enseñanzas internas (los misterios internos del Camino), serían enseñadas por Juan, Jaime, Tomás y Felipe, siendo este grupo liderado por María Magdalena. María… vio las dos ramas de la enseñanza como mutuamente complementarias, ya que el grupo externo sería abierto y público, y restaría atención al interno, que, en cualquier caso, necesitaba un ambiente más tranquilo para realizar el trabajo sutil a lo largo de las líneas esotéricas y gnósticas…

Cuando Jaime y María intentaron explicarle este plan de dos partes a Pedro, después de la crucifixión, él lo descartó de inmediato por impráctico. Él vio a los seguidores de Jeshua como un ejército asediado y consideraba cualquier tipo de división como una separación y debilidad de sus fuerzas. Además, Pedro no toleraba la idea de un líder rival, y un líder que resultaba ser mujer era demasiado inconcebible para él.

La Versión de Magdalena

Comentario de Stuart: Y aquí está Alariel llevando esto hacia adelante y moviéndolo hacia la era gnóstica.

Alariel: A pesar de la oposición de Pedro, la escuela de Misterios interna prosiguió con María Magdalena como su líder. María estableció esta organización de forma que funcionara en tres niveles:
1. Grupos semanales reuniéndose donde quiera que surgieran;
2. Reuniones trimestrales en un lugar central dentro de cada país, para que los grupos gnósticos emergentes puedan compartir ideas y aprender unos de otros;
3. Reuniones anuales celebradas en la finca de José de Arimatea en la isla de Chipre. José proporcionó transporte para los gnósticos que asistieron a estas reuniones, a través de su vasta red de barcos que transportaban suministros de estaño y un sistema de comunicación centrado en la oficina del administrador en su finca. A través de mensajes transportados en los barcos, esta oficina mantuvo a todos los grupos gnósticos emergentes en contacto entre sí.

Era la intención original que los gnósticos involucrados en esta escuela de Misterios se encontraran cada año, reuniéndose en el solsticio de verano en la villa de José de Arimatea en Chipre. Sin embargo, estas reuniones solo podían suceder cuando María Magdalena estaba disponible, y su apretada agenda, incluido un viaje a Gran Bretaña, en donde enseñaba a las Sacerdotisas de Avalon, significaba que, en práctica, sólo ocho de estas reuniones tuvieron lugar en un periodo de once años.

El conocimiento proporcionado por María durante estas reuniones era dramáticamente diferente de cualquiera en los evangelios gnósticos: representan la cáscara exterior del movimiento gnóstico, pero lo que María Magdalena estaba dando en estas reuniones era la sabiduría interna que

La Versión de Magdalena

permanecía en secreto. Esta sabiduría fue valorada, desde el principio, como las enseñanzas más avanzadas y significativas que estaban disponibles en ese momento.

12

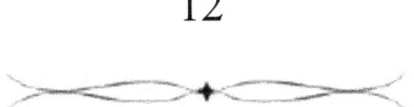

La existencia de enseñanzas secretas

Alariel: A pesar de que las reuniones gnósticas de la escuela de Misterios se llevaban a cabo en la finca de José de Arimatea, el mismo José, debido a sus muchas otras actividades, rara vez estaba presente. Y para cuando se completaron estas reuniones, todo había seguido adelante. Los discípulos estaban dispersos, y los gnósticos estaban empezando a establecer una visión única de las cosas que los separaban de los seguidores convencionales de Jeshua, como Pedro y Andrés.

Ahora que Jeshua ya no estaba físicamente presente para inspirar y guiar, muchos en el movimiento gnóstico se remitieron a María Magdalena. Ella era la guardiana de la llama de la Verdad, y parecía bastante natural que recurrieran a ella por orientación y consejo. María era ampliamente respetada como una fuente de sabiduría secreta, y para los gnósticos progresistas se convirtió en un faro de inspiración en un mundo que se estaba volviendo cada vez más difícil y peligroso.

A lo largo de su ministerio, Jeshua había sido consciente del peso de la tradición judía sobre sus hombros, y la presencia de las mentes críticas de los fariseos que solo esperaban que él pronunciara algo que pudieran usar en su contra. María Magdalena, en las reuniones del solsticio de verano en Chipre, no tenía voces críticas a las que enfrentarse, así que podía hablar libremente. Y su exhaustivo entrenamiento como Suma Sacerdotisa de Isis le dio un sentido de desapego, permitiéndole hablar desde un conocimiento directo de la sabiduría interna.

La Versión de Magdalena

Ese fue el momento del surgimiento de María, después de todo su entrenamiento y todos los años con Jeshua. Ella conocía su propio poder y lo utilizó sabiamente. Y su corazón compasivo se ganó a sus seguidores entre todos los grupos que la escuchaban hablar. Ahí, en la isla de Chipre, al menos podía hablar sobre todo lo que estaba en su corazón y mente, ya que ella estaba entre colegas y amigos.

En cada uno de los años en que se llevó a cabo una reunión, los participantes, viajando en los barcos de José, llegaron desde diversos lugares, incluida María Magdalena desde Languedoc, Juan de Israel y últimamente de Éfeso, y Felipe de Grecia. Sólo los gnósticos más progresivos y de mente más abierta, atendían estas reuniones. Venían de un rango amplio de antecedentes, tanto helénicos como judíos-esenios, pero compartían un ferviente compromiso hacia la Verdad. Los grupos gnósticos en Grecia incluían algunos de los librepensadores más avanzados y brillantes de su época. Los grupos gnósticos más convencionales, especialmente aquellos cercanos a la corriente principal emergente de la iglesia cristiana, elegían no atender esas reuniones. Era sabido desde el inicio que María Magdalena tomaría un papel de liderazgo en esas reuniones, y los gnósticos más convencionales estuvieron inconformes con esa organización.

Estas reuniones del solsticio de verano eran principalmente el resultado de la colaboración entre Juan y María Magdalena. Juan presidía las reuniones y María daba el discurso central, creo que en esta época ustedes le llamarían un «discurso de apertura», acerca del tema que se había acordado previamente como el enfoque central para la reunión de ese año.

La finca de José en Chipre era en realidad el centro de sus operaciones y un lugar de eficiencia y orden. Ahí, los gnósticos podían hablar sin ser criticados y realizaban sus planes sin miedo de ser perseguidos. El tiempo empleado en estas reuniones de solsticio de verano, era realmente valorado por todos quienes atendían, y José de Arimatea, cuando estaba presente, y el administrador de la finca, cuando José no estaba, se aseguraban de que no les faltara nada a los huéspedes.

Las habitaciones frías, bien amuebladas en la gran finca de José, proveían una sede ideal para estas reuniones. Durante el calor del solsticio de verano, ellos estaban en un oasis de calma en medio de vidas llenas de incertidumbre y caos. Ahí, los gnósticos podían relajarse y considerar sus planes a largo plazo, y estas reuniones se volvían una oportunidad para desarrollar una base teórica y práctica para la parte más avanzada y progresiva del movimiento gnóstico.

Todas estas reuniones de solsticio de verano seguían el mismo formato. Había un intercambio general de información, un discurso central por María Magdalena, y luego un amplio debate sobre el tema de ese discurso. Y ese debate continuaba, no por días, sino por varias semanas. Si te hubiera tomado un viaje incómodo de una semana para cruzar el Medio Oriente y llegar hasta esta isla, ¡no te apresurarías después de un simple par de días!

Durante cada uno de los discursos, María exploraba un tema principal, cubriendo el terreno a fondo, pero de forma concisa, por lo que estos discursos se conocían como «sumarios». Estos sumarios nunca se transmitían a los otros grupos, al igual que los documentos como El evangelio de María, y es por eso por lo que ninguna forma escrita de ellos sobrevivió hasta la época actual.

Nuestro grupo angelical, accediendo a los Registros Akáshikos, ha estado trabajando durante algún tiempo en estos sumarios, ya que reconocemos que hablaban directamente a un nivel de consciencia que era muy extraño hace 2000 años, pero ahora se está volviendo mucho más común. Estos sumarios de Magdalena son, sencillamente, textos cuyo tiempo ha llegado. El hecho de que María Magdalena alcanzara ese nivel avanzado hace 2000 años, nos da alguna idea de cuán importante era y lo muy por delante que estaba de la mayoría de los discípulos de Jeshua.

Los evangelios gnósticos que sobrevivieron presentan muy pocas oportunidades de que María se expandiera sobre cualquier tema. Dentro de ese contexto, a ella «nunca» se le dio la oportunidad de realizar ningún tipo de declaración completa de su filosofía ni de cualquier tema. Pero ahí, en la isla de Chipre, ella tenía precisamente esa oportunidad, y ella la aprovechaba con entusiasmo. Si quisieran saber la profundidad y el alcance de la consciencia de María, pueden encontrarlo ahí en estos sumarios de Magdalena, y en ningún otro lugar.

Esta es la voz real de María Magdalena, una voz que no ha sido escuchada en 2000 años.

Debemos recalcar un punto más aquí. El conocimiento de este tipo no se enseñó nunca, en ningún momento, por la iglesia cristiana. Este es conocimiento prohibido; prohibido por la iglesia porque podría llevar al empoderamiento gnóstico. La iglesia no tenía ningún interés en producir seres iluminados ni empoderados que retaran su autoridad. Y cuando falleció el último gnóstico en el tercer siglo, la mayoría de estos conocimientos secretos murieron con él. Continuaron enseñándose en el grupo familiar extenso de María, en Languedoc, pero los maestros dentro de esa tradición se volvieron tan pocos, que con el tiempo fueron incapaces de proteger la pureza de la transmisión.

Esto llevó a ideas erróneas, como la creación dual, entrando sigilosamente en la tradición de la época de los cátaros. Los cátaros mantuvieron la «práctica» del Camino, pero para entonces, su conocimiento acerca de la filosofía de María se había perdido en gran medida. Es por eso por lo que la muerte del último gnóstico marcó la conclusión efectiva de esta línea de desarrollo como una transmisión pura, una transmisión directa que traía la sabiduría de Melquisedec a este planeta. Los esenios eran una transmisión pura, tanto como las enseñanzas de María Magdalena en su escuela de Misterio, pero cuando la última comunidad esenia fue destruida, y murió el último gnóstico, esa época de transmisión pura llegó a su fin.

Debido a eso, este proceso de recuperación es tan importante: restaura la transmisión pura de la enseñanza de

María Magdalena hacia el mundo. Al final del ciclo planetario los velos del olvido se están disolviendo, y el conocimiento que se perdió por muchos siglos, se está restaurando. Esta enseñanza es una de las joyas de los logros de la humanidad, y con la humanidad moviéndose a través de la transición, es completamente correcto y justo que el acceso a ella sea restaurado para ustedes, ya que puede ser de gran ayuda en esta época.

Comentario de Stuart: Esta es una de las afirmaciones más importantes hechas por Alariel, porque está dejando claro que el trabajo de este grupo angelical, restaurando estas enseñanzas para nosotros, es parte de un proceso mayor de soporte para la humanidad en el fin del ciclo planetario. Aquí hay un sentimiento profundo de justicia: una parte vital de nuestra herencia, que había sido perdida para nosotros, se está restaurando en una época crítica.

La sesión con Alariel continúa.

Alariel: Aquí debemos agregar unas palabras sobre la presentación. En lugar de presentar estos sumarios de Magdalena en el vocabulario sencillo pero limitado, que ha sido asociado con esa época, hemos elegido traducirlo hasta un lenguaje más sutil y complejo, que ahora sería utilizado para discutir este tipo de materiales. Hay ocasiones en que este parafraseo más moderno transforma el texto, tal y como un pequeño ejemplo puede demostrar.

Hay un pasaje en el Evangelio de María, en donde Jeshua está explicando que una visión es percibida a través de un aspecto que une al alma y al Espíritu, y en ese texto, dicho aspecto es llamado «mente». Ahora, «mente» no es el mejor término que se pueda utilizar aquí, porque la mente sólo llega hasta el alma, y no más allá, así que nunca podría alcanzar el nivel del Espíritu. Lo que podría alcanzar ese nivel es la consciencia, por lo que «consciencia» sería un término más preciso para usar.

La Versión de Magdalena

Comentario de Stuart: Hay una tabulación en el capítulo 14 de nuestro libro Beyond Limitations: The Power of Conscious Co-Creation, que hace evidente el punto de Alariel. Significativamente, la palabra «consciencia» no se utiliza en la versión autorizada (Rey James) de la Biblia.

La sesión de Alariel continúa.

Alariel: Información del tipo contenida en estos sumarios de Magdalena tiene poder debido a que la Verdad que contienen está cargada de energía, y esta energía puede traer cambios en la consciencia. La humanidad como un todo no estaba lista para este conocimiento hace 2000 años. Pudo haber sido dada a buscadores avanzados de la verdad, tales como los gnósticos, pero la gran masa de personas no había alcanzado un nivel en el que esta información hubiera sido absorbida y hubieran actuado en consecuencia. Sin embargo, las condiciones planetarias hoy en día son muy diferentes. Es tiempo de que esta verdad salga al mundo y de que María Magdalena sea honrada como la gran alma que es.

Comentario de Stuart: Es bastante difícil asignar fechas apropiadas para estas reuniones de solsticio de verano. El principal problema es determinar una fecha de nacimiento fiable de Jeshua. Aquí hay diferentes teorías, pero la más convincente parece ser en el año 5 AEC. Durante marzo y abril en el año 5 AEC, los astrónomos chinos grabaron el surgimiento de una nova, una nueva estrella, entre las constelaciones de Capricornio y Aquila. Esta fecha también concuerda con la muerte de Herodes un año después, en el año 4 AEC. Si Jeshua hubiera nacido en el año 5 AEC, eso ubicaría a su ministerio entre los años 25 y 27 EC, y la crucifixión en el año 27 EC.

Sabemos que hubieron ocho de estas reuniones, pero hubo huecos en el programa debido a la agenda apretada de María, así que las reuniones se esparcieron a lo largo de once años. Eso dataría estas reuniones entre los años 28 y 38 EC.

La Versión de Magdalena

La información fresca que ha surgido a partir del proceso de canalización, nos da una oportunidad para observar las enseñanzas de María Magdalena de una nueva forma. En los siguientes capítulos, proporciono el texto completo de los sumarios de Magdalena, tal y como los canalizó Alariel, junto con cualquier comentario que él proveyó.

La Versión de Magdalena

Parte dos:

Las enseñanzas secretas de María Magdalena

*Todo es dual…
todo tiene su par opuesto…
los opuestos son idénticos en naturaleza
pero diferentes en grado.*

Hermes-Thoth

La Versión de Magdalena

13

La estructura interna de la realidad

Alariel: Respecto a la estructura interna de la realidad, María Magdalena dijo lo siguiente:
Esto es lo que Jeshua me enseñó. Él habló del principio de las cosas, de la estructura interna de la sabiduría y del poder de la Ley del tres. Él me dijo que antes de que el mundo comenzara, había tres grandes Trinidades:

> Dios Padre y Madre creando la Luz;
> Luz y Amor creando el Espíritu;
> Espíritu y Materia creando la Vida.

Y Jeshua dijo que existen Trinidades dentro de las Trinidades, y es un gran misterio comprendido sólo por los más sabios. Y hablamos del amor, que es el Cristo, y él dice que el Cristo es también una trinidad:

> «El Cristo es la energía del amor, y la naturaleza de esa energía es la redención, sanación y el perdón.
> El Cristo es el maestro, encarnando esta energía universal.
> El Cristo es la consciencia despierta dentro del individuo que se enfoca a través del corazón».

Así que Jeshua me dijo que
el Cristo es Energía;
el Cristo es Maestro;
el Cristo es Consciencia.

La Versión de Magdalena

El Cristo es la energía poderosa del Amor universal. Este es un amor por todos los seres, y no está cubierto ni limitado como el amor egoísta. Este Amor universal arrasa con cualquier barrera y limitación, porque cuando la energía Crística fluye a través de tu ser, todas las cosas son posibles. Y cuando comprendes la energía Crística, tu ser comienza a comprender la naturaleza del Todo.

Dios Padre-Madre y el Cristo son la esencia de la Unidad, el Todo. La Unicidad universal fluye desde esta esencia, por lo tanto, la creación es también la Unicidad. Cuando comprendes que la naturaleza final de las cosas es la Unicidad, verás por qué todas las formas eventualmente regresan a esa naturaleza. La Unicidad puede fluir hacia la separación a nivel físico, pero todas las cosas regresan a su esencia como Unicidad cuando el ciclo de la manifestación física se completa.

La naturaleza de la Unicidad es la Luz. La creación fluye desde la Luz, desciende hacia el juego sombra del mundo material por un tiempo y luego asciende nuevamente hasta la Luz. Es por eso por lo que el alma debe completar su viaje en Luz. El alma provino de la Luz, es Luz, y es hacia la Luz a donde regresará.

Comentario de Alariel: El concepto de «dios Padre-Madre» hubiera horrorizado a los fariseos, pero los esenios eran bastante familiares con él, de hecho, se podría sostener que toda la filosofía esenia se basaba en el concepto del Padre celestial y la Madre terrenal. Uno debería tener siempre en mente que muchos de aquellos que se unieron a los grupos gnósticos en este periodo, provenían de un antecedente esenio o simpatizaban con el punto de vista esenio. Si hubieran crecido con estas ideas dentro de una familia esenia, estarían bastante cómodos con ellas.

En este sumario de Magdalena, obtenemos desde el principio todo el sabor de las habilidades de enseñanza de María. Su estilo de presentación es directo, práctico y lleno de información, y no teme elevarse hacia declaraciones edificantes e inspiracionales.

La Versión de Magdalena

El ser ambos, práctico e inspiracional, es una rara y maravillosa combinación, y el secreto de su poder como comunicadora.

Comentario de Stuart: Lo que es destacable acerca de este sumario de Magdalena es la forma en que introduce toda una nueva teología. María presenta una serie de Trinidades interlazadas: una estructura principal de tres Trinidades y una Trinidad secundaria enfocada en el Cristo.

Esto puede parecer radical, incluso revolucionario, ante los ojos modernos, pero es importante recordar que en los primeros dos siglos de la EC, no había percepción aceptada universalmente de la Trinidad. Los elementos de la Trinidad moderna estaban presentes, pero su relación no estaba fija y determinada durante el primer siglo.

Sin duda, uno pudiera discutir que fue solo el Credo de Nicea el que estableció la Trinidad en su forma moderna, acordado durante el concilio de Nicea en el año 325 EC. Dada la naturaleza fluida de la teología cristiana en estos primeros siglos, la existencia de una percepción radicalmente diferente no parece tan extraña ni poco razonable.

Cuando uno considera este sumario de Magdalena como un todo, se vuelve claro que el objetivo de María Magdalena no es establecer fe o creencia, sino establecer la comprensión. Sin embargo, la gran sorpresa aquí es la franqueza y simplicidad de sus palabras. Gran parte de la literatura gnóstica es oscura, arcaica y compleja, llena de términos como «Eones» y «Archons». En comparación, la enseñanza de María, incluso en el nivel más profundo y abstracto, es directa y clara, y por esa razón parece mucho más moderna y accesible que la mayoría de la literatura gnóstica.

14

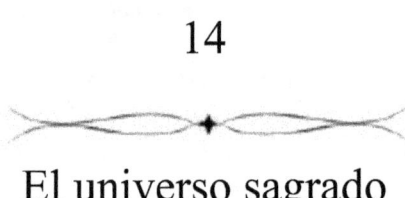

El universo sagrado

Alariel: María Magdalena dijo lo siguiente acerca del universo sagrado:

Vivimos en un universo sagrado en donde todas las cosas y seres deberían ser respetados. Si el dios Padre-Madre creó el universo al «convertirse» en el universo, uno puede entender el por qué. Algunas de las mentes más brillantes han dudado sobre esto, prefiriendo creer que este mundo, en general, y el nivel físico, particularmente, es de cierta forma deficiente o inferior. Yo no creo esto, ya que el dios Padre-Madre ha creado todo, incluso el mundo material y el cuerpo físico; no deberíamos menospreciar ninguna parte de esta creación.

Sin embargo, puedo ver la fuente de esta confusión. A medida que perseguimos el camino espiritual, en ocasiones el cuerpo parece ser un obstáculo y un impedimento en este recorrido, pero tratar al cuerpo como un enemigo es estúpido y simplista. Cuando el cuerpo está entrenado y disciplinado, deja de ser un obstáculo para el progreso espiritual y se convierte, en cambio, en un caballo amistoso que te llevará fielmente a tu meta. Si vamos a existir de manera efectiva a nivel físico, necesitamos al cuerpo como vehículo que nos lleve y nos permita alcanzar nuestros objetivos; despreciar y mortificar este esencial vehículo, seguramente sería una locura.

Trabajando a través de la hueste angelical, el dios Padre-Madre ha creado muchas maravillas dentro del universo físico. A medida que observamos el paisaje y a las criaturas que viven en él, somos capaces de ver solo una pequeña fracción de las maravillas que existen hasta el más mínimo nivel. La hueste angelical ha construido toda una serie de mecanismos intricados incluso en la más pequeña criatura, y mientras más observamos al mundo natural, más se llena de maravillas y sacralidad. Mientras más vives en sintonía con el mundo natural, más comienzas a sentir todo el amor que se puso en esta creación. Observa tu alrededor y verás un mundo de belleza dentro de un universo de Amor.

Así como es arriba, en el reino del Espíritu, así es debajo, en el mundo de la materia física. Recuerden que Jeshua dijo:

—Somos los hijos de la Luz y venimos de la Luz. Y el proceso equilibrado de movimiento y reposo es la señal de la Luz dentro de nosotros.

Y también dijo que el Creador plantó en cada hijo de la Luz una nostalgia por la Luz, así que incluso cuando se está perdido en ilusión, cada uno será capaz de encontrar un camino que lleve de vuelta al dios Padre-Madre. Y Jeshua dijo:

—El Camino que yo les he enseñado es el camino que lleva a la Luz.

Es importante tener claridad sobre esto: El Salvador nos salva de la ignorancia del Camino, pero nosotros mismos podemos salvarnos siguiendo el Camino y transformando nuestras vidas.

Si el Camino continúa siendo un tema de conocimiento y debate, entonces habrá fallado. Es un proceso y un camino por seguir. Para tener éxito, el Camino debe convertirse en un sendero vivo de transformación diaria. El fuego de la Consciencia Crística debe emerger en nuestros corazones, quemando todo aquello que no es la Luz. A medida que nos transformemos, ayudaremos a otros a cambiar, y una humanidad en proceso de despertar ayudará a transformar el mayor camino de vida.

La Versión de Magdalena

Para transformarse, la vida debe reconocer la supremacía del Espíritu, y la materia debe rendirse a él. Luego, la materia se transformará en su raíz, que es la Luz, y volverá a abrazar por completo al Espíritu.

Comentario de Alariel: *Aquí, María Magdalena revela su dedicación completa al Espíritu, la Luz, la Unicidad. El pasaje referente al «Salvador» es particularmente significativo y puede ayudar a clarificar un tema que ha confundido a mucha gente a través de los siglos.*

María rechaza con bastante firmeza la idea de una creación dual, que tuvo tanta aceptación dentro del mundo gnóstico de su época, una idea que vio a Dios como creador de los cielos y un ser menor o «demiurgo» como el creador de la Tierra. Al decir que «Dios ha creado todo», ella se distancia de este punto de vista gnóstico excéntrico, y afirma la integridad de toda la creación. Al adoptar esta postura, ella estaba claramente reflejando la percepción de Jeshua de las cosas. Dentro del contexto evangélico, él nunca habló del demiurgo y no le dio ningún crédito a la idea de la creación dual.

Mirando hacia atrás en retrospectiva, uno puede ver lo peligrosa que era esta idea. Al considerar al mundo, en general, y al cuerpo físico, en particular, como una creación inferior y esencialmente pecaminosa, el escenario está preparado para toda una serie de errores que alejarían al mundo occidental del amplio camino hacia la Luz, que Jeshua estaba tratando de establecer.

A pesar de que la corriente principal de la iglesia cristiana de Pedro y Pablo nunca se suscribió a la idea de la creación dual, sí incorporó el desprecio por el nivel físico tanto en teoría como práctica. Sin este desprecio, la mortificación monástica de la carne no hubiera surgido, ni tampoco hubiera permeado la idea de un sacerdocio célibe a través de tantos niveles de la iglesia. Debería ser recordado que dentro de la tradición que nutrió Jeshua, la tradición judáica, los rabinos siempre estuvieron casados. De hecho, un rabí soltero sería considerado no apto, sobre la base de que no sería capaz de aconsejar a las parejas que estuvieran experimentando dificultades dentro de su matrimonio.

La Versión de Magdalena

Aquí hay otro aspecto impactante de la declaración de María Magdalena. Ella afirma desde el principio Hermético: «Como es arriba, es abajo». Esta es una clara reflexión de sus antecedentes esenios; los esenios estaban perfectamente familiarizados con las ideas clave Herméticas, y estas ideas tuvieron una amplia difusión en el Medio Oriente en esa época.

Comentario de Stuart: La referencia a los «hijos de la Luz» se puede reastrear hasta el verso 50 del Evangelio de Tomás, uno de los textos en la Librería de Nag Hammadi, aunque esto parece ser una versión acortada y simplificada. Claro está, este pasaje impactante puede haberse citado ampliamente en la tradición oral, antes de que se cristalizara de forma escrita.

También es posible encontrar aquí ecos de referencias más tempranas en los Rollos del Mar Muerto. Sin embargo, este tipo de «referencias retrospectivas» fue común en la práctica en aquella época. Los grupos cristianos emergentes tuvieron sus dichos favoritos de Jeshua. Este proceso de referenciar, fue una forma de consolidar grupos al promover un sentido de inclusión.

15

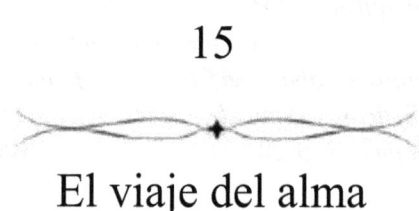

El viaje del alma

Alariel: Respecto al viaje del alma, María Magdalena dijo lo siguiente:

Jeshua habló a menudo del viaje realizado por el alma. Habló de la gran espera del alma por la alegría y su descenso hacia el mundo material para que la alegría pudiera ser experimentada intensamente. Y me dijo que el costo de este descenso se duplicó.

Primero, habría una separación de lo masculino y femenino, así que, desde ese punto en adelante, ningún ser humano se sentiría completo por sí mismo. Y segundo, habría un velo ante la conciencia, así que los seres humanos ya no verían con claridad su propia naturaleza.

Y Jeshua me dijo que la combinación de la separación y el velo llevaron a un nivel profundo de confusión, así que muchos se sintieron perdidos y persiguieron sus sueños y sombras en lugar de a la Verdad. Pero, después de vivir muchas vidas en este medio mundo de sombras, el alma despertó y ascendió nuevamente hacia la Luz.

En esta ascensión, el alma se encontró con siete grandes poderes, simbolizando las limitaciones de la condición humana. Pero el alma se había fortalecido a través de la experiencia de muchas vidas y el conocimiento obtenido a lo largo de este recorrido. Y después de responder a cada uno de esos poderes, el alma volvió a su camino, regocijándose enormemente.

Entonces al final el alma llegó ante el guardián, quien dijo:

La Versión de Magdalena

—¿A dónde vas, exterminador de las limitaciones humanas, conquistador de los reinos del espacio?

Y el alma contestó:

—Con la experiencia de muchas vidas, me he liberado de todas las ataduras de este mundo. He trascendido todos los roles, dejado a un lado las pequeñeces de la vida humana, y ahora el velo del olvido ha caído de mis ojos. Por fin puedo ver mi verdadera naturaleza como un Hijo de la Luz. Dejemos que el clamor del conflicto sea silencioso, ya que yo cumpliré mi destino a través de los grandes confines del espacio y tiempo.

Y entonces el alma pasó hacia la Luz, y el mundo no la vio más.

Comentario de Alariel: *El concepto del velo es muy poderoso. Los seres humanos llegaron a la Tierra con un velo del olvido, así que no son conscientes de su propia naturaleza como grandes seres de Luz. Una vez que han acordado a nivel del alma el experimentar la gama completa de la existencia física, un tipo de velo es necesario para que este proceso sea significativo.*

Piensen en esto como jugar un juego. Si comenzaran el juego con una consciencia total de ser un Maestro en ese juego, no se comprometerían por completo a él ni aprenderían de él todo lo posible. Su actitud sería la de: «En verdad ya he hecho todo esto. Es absurdamente simple, así que sencillamente pasaré el rato».

Para extraer el máximo aprendizaje y crecimiento a partir de jugar el juego de ser un humano, los Hijos de la Luz no solo querían «pasar el rato», querían toda la intensidad a nivel emocional que viene de un estado de incertidumbre e información incompleta, lo cual obliga a dar saltos de fe y confianza. Para lograr eso, tuvo que haber un proceso de velo, entonces fue así como se estableció la vida humana sobre la Tierra.

No te sientas como una víctima en este proceso. A nivel del alma en el mundo del Espíritu, antes de tu primera vida humana, decidiste las reglas de este juego, y nadie te las impuso, pero serás también tú quien decida la hora de tu despertar, cuando harás a un lado el velo y descubrirás quién eres realmente como un Ser de Luz

La Versión de Magdalena

multidimensional. Ese será el momento en que entres en tu poder espiritual y efectivamente es el momento en que termina el juego.

¡Entonces comienza otro juego, que deberíamos llamar «Ascendiendo hacia la Luz»!

Este sumario de Magdalena es también notable por la forma en que establece paralelismos interesantes con un pasaje en el Evangelio de María, un texto gnóstico que sólo ha sobrevivido en el mundo moderno de forma fragmentada.

Comentario de Stuart: El pasaje en cuestión va de la página 16 a la 17. De las 18 páginas del texto original del Evangelio de María, sólo ocho han sobrevivido. Las faltantes diez páginas han sido recobradas a través de procesos de canalización y están publicadas en Las enseñanzas secretas de María Magdalena por Claire Nahmad y Margaret Bailey. (Ver la sección de lecturas sugeridas bajo Nahmad).

16

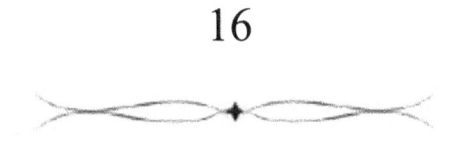

La naturaleza de la salvación

Alariel: Respecto a la naturaleza de la salvación, María Magdalena dijo lo siguiente:

Se habla seguido de la salvación, que es el logro de la consciencia iluminada, pero rara vez es comprendida. Aquellos quienes no tienen un entendimiento claro del rol del Maestro, son particularmente propensos a la confusión. Sin embargo, el lugar de la salvación en nuestras vidas se puede declarar simplemente:

> El Salvador nos salva de la ignorancia del Camino, pero nosotros debemos salvarnos a nosotros mismos al seguir recorriendo el Camino hasta que nos unamos por completo con la Luz.

Aquellos que no ven claramente al Maestro, pueden pensar a menudo que el Maestro por sí mismo nos salvará. ¡No lo hará! ¿Es que somos marionetas de las que alguien más deba jalar las cuerdas y hacer todo por nosotros? Sin duda, nosotros tenemos un papel por jugar en nuestra propia salvación, de lo contrario ese triunfo sería un triunfo para el Maestro por sí solo, y nosotros no mereceríamos la dicha eterna en la que seguramente nos levantaremos.

El ignorante pudiera pensar que la salvación es cosa de una sola vez. El Salvador nos salva y después todo está bien para siempre. Estas no son más que reflexiones infantiles absurdas. Cuando el Salvador abre para nosotros la puerta al Camino, el trabajo no ha terminado, sino solo comenzado.

La Versión de Magdalena

Entonces somos capaces de comenzar nuestro camino consciente hacia la Luz, un viaje que demandará una apertura total al cambio y la transformación en cada nivel de nuestro ser.

Si hay quien piensa que puedes ascender hacia la Luz llevando consigo todos sus viejos miedos y limitaciones, sus viejas opiniones y prejuicios, déjenlos pensar de nuevo. Cuando alguien que sube una montaña comienza su tarea, deja todo su equipaje atrás, esperándolo a que regrese. Debe ascender al pico con lo mínimo necesario, ya que demasiado equipaje aseguraría seguramente su fracaso. Así que debemos volvernos como alpinistas, desprendiéndonos de todo lo que no es Luz en nuestro viaje hacia el pico del logro humano.

Entonces, la salvación no es una cosa de un único momento, sino algo continuo. Nos salvamos a nosotros mismos día tras día al escalar continuamente hasta que nuestra ascensión hasta la Luz está completa.

Comentario de Alariel: *Aquí, María regresa nuevamente hacia el tema del Salvador, quien «nos salva de la ignorancia del Camino», pero después continúa para aclarar un punto diferente respecto a la fe en el Maestro. Observen aquí su método de enseñanza. Ella sabe claramente que es información sutil y abstracta, la cual algunos podrían encontrar difícil de comprender. Ella responde a este problema con sumarios y repeticiones, construyendo gradualmente capa sobre capa de ideas, hasta que la totalidad de la estructura de su sabiduría se vuelve clara. Y, al definir salvación como el «logro de la consciencia iluminada», ella cambia el argumento sacándolo de la niebla de la superstición y religión, hacia un marco mucho más psicológico y técnico, que ahora podrían asociar con las tradiciones del Extremo Oriente, como el hinduismo o budismo.*

Recuerden que Jeshua pasó los años del inicio de su adolescencia hasta la edad de treinta viajando a lo largo del viejo camino de la seda de Damasco y visitando la India y otros países de Asia. La idea de la iluminación habría sido establecida fuertemente en esa región en esa época, y Jeshua naturalmente la hubiera absorbido. Como su compañera espiritual, María Magdalena también habría estado perfectamente situada para absorber estas ideas, por lo que no es de extrañar que formen parte de sus sumarios.

Comentario de Stuart: Incluso en esta temprana etapa, cuando las ideas de Jeshua estaban apenas comenzando a salir al mundo, María había notado que algunas personas pensaban que la fe y la fe por sí misma les garantizaría su salvación. Ciertamente, había una tendencia en el Medio Oriente en esa época de sobrevalorar la fe y poner demaisado peso en la idea de un Maestro perfecto que, de alguna forma haría todo por ti, mágicamente. Y esta idea ha provado ser tan perdurable, que incluso ahora la gente viaja mucho en busca del maestro, mentor o gurú ideal.

María contradice esta idea diciendo firmemente que nosotros debemos esforzarnos por nosotros mismos, nosotros necesitamos «salvarnos a nosotros mismos día tras día». Tomen en cuenta que María creció en una tradición esenia con fuerte énfasis en el esfuerzo individual. Aquí, ella está poniendo un marcador que muestra que todavía está construyendo sobre las ideas esenias, incluso si eso divide a los gnósticos de los seguidores de la iglesia cristiana emergente.

La otra cosa realmente notable sobre este sumario de Magdalena es su brevedad. María formula una declaración comprensiva, incluído un resumen final inspirador, y después se detiene. Es tal la maestría de condensación en su declaración, que contiene todo lo que necesitamos saber acerca del tema con apenas una palabra superflúa. ¡Qué magnífica comunicación es esta!

17

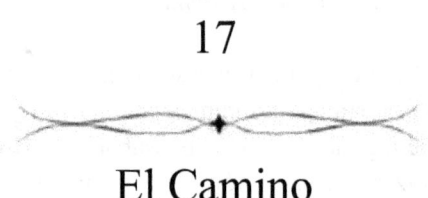

El Camino

Alariel: Respecto al Camino, María Magdalena dijo esto:

El Camino es el proceso a través del cual la energía Crística transforma tu vida y tu consciencia, y la señal de la energía Crística trabajando en el corazón, es la experiencia de la dicha. Sigue la dicha que hay profundamente en ti, pues es un faro, una señal de la Verdad del dios Padre-Madre. Síguela y hablará por ti y se convertirá en tu guía. Cuando la dicha cante como un dulce pájaro en tu corazón, sabrás que tus pasos están firmemente en el Camino.

Durante el proceso de recorrer el Camino, hay muchos aspectos prácticos:

Primero, la oración. No en el sentido de pedir al dios Padre-Madre por algo, sino en poner tu consciencia junto a la consciencia del dios Padre-Madre, para que los dos puedan resonar juntos y convertirse en uno. También, la contemplación de los aspectos de la Divinidad, incluidos la Luz, la energía Crística y el Todo. Permite que esto se concentre y expanda dentro de ti y llene todo tu ser.

En segundo lugar, el perdón como una práctica regular por la noche, para que todas las energías enredadas del día puedan ser llevadas hasta la armonía. A través del perdón, la pizarra se limpia y comenzamos limpios cada nuevo día.

En tercer lugar, el servicio, para aportar cualquier habilidad que tengamos para ayudar con las necesidades de aquellos con quienes nos encontremos. El servicio es la Unicidad en acción.

En cuarto lugar, agradecer, para expresar nuestra gratitud al dios Padre-Madre por todas las bendiciones en nuestra vida.

En quinto lugar, la rendición, para que el alma pueda unirse con la Luz y completar su viaje. Encuentra tus propias palabras para expresar tu entrega al Espíritu, y repítelas con frecuencia.

El Camino reside en cada paso que tomes en tu camino, hasta que completes el viaje del alma. Cada buen pensamiento, cada palabra amable, cada buena acción, cada momento de inspiración, es parte del Camino.

No escuches a aquellos que intentan hacer del Camino una estructura rígida, ya que ellos no lo han comprendido. El Camino es mucho más valioso para ti que cualquier estructura. Tu salvación reside en el proceso, no en la estructura.

Para que el Camino viva, debe respirar y cambiar como cualquier cosa viva, así que prepárate para cambiar y adaptar todos los aspectos de él para que se adecúe a tus necesidades. A pesar de que el Camino es uno, las posibilidades que parten de él son muchas:

Si te aferras a los libros, habrás perdido el Camino.
Si te aferras a la tradición, habrás perdido el Camino.
Si te aferras a los rituales, habrás perdido el Camino.
Si te aferras al Maestro, habrás perdido el Camino.

El camino no se encuentra en libros ni tradiciones, ni rituales o incluso en el Maestro. El Camino se encuentra en recorrer el sendero día a día, guiado por tu alma e inspirado por el Espíritu interior.

Ningún individuo conoce la totalidad de su sendero. Puedes ver un poco de él, justo como un rastro a medida que se curva y desaparece de la vista. Sin embargo, ese pequeño vistazo es suficiente. Camínalo y observa hacia dónde te dirigirá, qué te enseñará y cómo te cambiará.

El Camino renace cada día a medida que te abres ante él y te cierras ante los hábitos obstinados, estrechos y juiciosos del viejo mundo que estás dejando detrás. Esos hábitos tienen sus raíces en la ilusión. Expúlsalos y sigue el Camino que se abre frente a ti. Entonces entenderás la Verdad, después conocerás la realidad y al final verás las cosas como son de verdad.

Todo tiene raíces, es su naturaleza fundamental. El espíritu es Luz y nosotros somos los Hijos de la Luz. El alma en su camino desciende hacia la vida física, pasa a través del mundo de las formas y deambula entre las sombras de la ilusión como alguien que se encuentra dormido hasta que es despertado por la energía Crística. Este es el poder del Amor surgiendo en el corazón.

El alma, despertada por el Amor, asciende hacia la Luz y se mezcla nuevamente con sus raíces, su naturaleza esencial, que es la Luz. Este es el núcleo de lo que Jeshua enseñó: venimos de la Luz; el alma viaja por la Tierra y asciende de nuevo hacia la Luz. Así que la Luz es nuestra fuente, nuestra naturaleza y nuestra meta, pero es la energía del Amor lo que nos despierta y nos permite completar nuestro viaje.

Cuando hablábamos de estas cosas, esto es lo que Jeshua me decía:

Este viaje es el conocimiento que yo les traigo;
este Amor es el poder de Cristo que despierto en ustedes.
El Cristo transforma su vida y los eleva,
y esta ascensión es el regalo que yo les doy.
Escuchen el conocimiento,

abran su corazón a la energía Crística,
transformen su vida y asciendan. Este es el Camino:
si siguen este camino, me seguirán a mí
y se unirán a mí en la gran vida de la dicha eterna.

Eso es lo que Jeshua me enseñó. Este es el Camino.

Comentario de Alariel: *Aquí, María Magdalena cambia el Camino desde el reino de la teoría hacia el nivel de la experiencia diaria. Ella lo traduce como una idea en una serie de cosas prácticas que un aspirante puede aplicar en su vida diaria. Al hacerlo, ella combina una firme comprensión de las ideas avanzadas con un enfoque práctico y realista. ¡No es de extrañar que los gnósticos valoraran tanto a María y la veneraran como su maestra suprema!*

Sobre todo, María Magdalena era la portadora del Camino. Jeshua enseñó el Camino, pero fue María quien lo trajo al mundo y a las vidas de todo el que escuchara. A través de la gracia de María Magdalena, fueron capaces de ver la naturaleza práctica del Camino y aplicarlo en sus propias vidas.

La sección de la oración es importante porque muestra a María usando la oración como una forma de meditación. Eso puede sorprenderle a algunas personas de Occidente, porque la meditación es ahora ampliamente vista como una práctica esencial en el Oriente, asociándose con hindúes, budistas y taoístas. De hecho, la meditación se utilizaba ampliamente a lo largo del Medio Oriente en la época de Jeshua. Especialmente en las escuelas de Misterios. Y muchos de los procesos de los esenios para sintonizar con los ángeles, por ejemplo, eran en realidad formas de meditación, simplemente no estaban etiquetados de esa manera.

La importancia del perdón fue recalcado por ambos, Jeshua y María Magdalena. Aquí se muestran una serie de palabras enfocadas en el perdón, que circulaban entre algunos grupos gnósticos:

> *Yo perdono a todos los seres que me han ocasionado dolor, y también les pido su perdón a aquellos a quienes yo he dañado. Y me perdono a mí mismo, sabiendo que llevo en mi corazón amor por todos los seres, y sé que a*

pesar de que a menudo tropiece, nunca ceso mi viaje hacia la Luz.

Y aquí se muestra una serie de palabras usada ampliamente para enfocarse en la rendición:

> *Yo me rindo ante el Espíritu.*
> *Yo me rindo ante la Luz.*
> *Yo soy Luz.*
> *Yo soy Luz.*
> *Yo soy Luz.*

En su nivel más profundo, el Camino es acerca del viaje a casa:

> *Un hogar fuera de las sombras y las ilusiones,*
> *un hogar fuera de las limitaciones y pequeñeces,*
> *un hogar dentro de la Luz.*

Comparado a este proceso, el viaje del alma, no importa ningún conocimiento, doctrina ni tradición. Todo lo demás que hacen sobre el planeta Tierra es solo un preludio para este triunfo final, el regreso de toda alma a la Unicidad, cada uno de los Hijos de la Luz. Ya que esto es la comprensión consciente del Todo, la unión de los fragmentos en la totalidad del Uno.

Comentario de Stuart: ¿Cómo pueden los cinco puntos de María Magdalena, resumiendo el Camino, parecer tanto familiares como increíblemente nuevos? ¿Ha encontrado María algún hilo conductor en las enseñanzas de Jeshua que revela una estructura coherente, del que otros maestros se han perdido? Y dada su fuente común de inspiración en Jeshua, ¿cómo es que María y los primeros padres de la iglesia han alcanzado conclusiones tan diferentes? Ciertamente, no se pueden negar las profundas diferencias aquí. Si bien el cristianismo es una religión, el relato de María sobre el Camino revela que éste es un proceso espiritual que no necesita jerarquías ni doctrinas para sostenerlo.

Y esa no es la única sorpresa aquí. Cuando María habla acerca de la oración, sostiene esa idea fuera del reino de la ceremonia y el ritual, y dentro de un marco moderno de meditación y contemplación.

Cuando María dice: «Si te aferras a los libros, habrás perdido el Camino», esto envía un mensaje poderoso a nuestra sociedad excesivamente intelectual. El gran arquitecto estadounidense Frank Lloyd Wright hace eco a esta idea cuando dice:

> Lean los libros y tiren los libros;
> porque no está en los libros, sino allá fuera:
> en los campos, en los árboles, en la naturaleza de las cosas.

A pesar de que la presentación de María de cinco puntos pueda parecer un proceso nuevo, de hecho tiene raíces muy antiguas. Maestros trabajando dentro de una tradición oral, a menudo intentarán encontrar grupos de puntos que puedan reunir en cinco o diez de ellos, porque entonces podrían marcar estos puntos con los dedos de una o dos manos.

Qué énfasis tan poderoso se hace aquí referente al proceso en lugar de la doctrina o la estructura. Y cuán diferente de la iglesia cristiana emergente, que comenzó a construir estructuras desde el comienzo: sacerdotes, obispos y arzobispos; doctrinas, rituales y credos. Aquí, María Magdalena está diciendo que la estructura es secundaria. Lo que te llevará a la salvación es el proceso del Camino. Y esto es esencialmente tu camino espiritual «individual», la aplicación de estos principios en tu propia vida y tu propia experiencia. Esto cambia el proceso espiritual desde un acercamiento centrado en la organización, hacia una base mucho más democrática, en donde el individuo se encuentra a cargo de su propio destino.

18

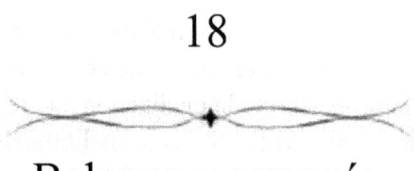

Balance y armonía

Alariel: Respecto al balance y la armonía, María Magdalena dijo lo siguiente:

El universo se mueve constantemente hacia la armonía y es sustentado por un sistema de balances o equilibrio. Cuando tienes conocimiento acerca de estos balances, comienzas a comprender la verdadera naturaleza de las cosas. En este sentido, la comprensión del equilibrio te ayuda a penetrar el velo de la ilusión y a ver las cosas como realmente son.

A través de la creación, hay una serie de gamas de energía con polaridades opuestas, que parecen estar en guerra entre ellas. Sin embargo, todo es una ilusión ya que, en el punto central de cada gama, los extremos se desvanecen y todo es llevado al equilibrio. Los opuestos son idénticos en naturaleza, pero diferentes en frecuencia. Así, calor y frío son idénticos en su naturaleza esencial, que es la de la temperatura, pero representan diferentes frecuencias dentro de ese rango.

La vida humana parece estar llena de estos pares de opuestos, incluyendo la ganancia y la pérdida, actividad y reposo, más y menos, amor y odio, mayor y menor, y todas estas dualidades parecen dominar sus vidas. Consideremos, por ejemplo, la dualidad del ganar y perder. Este rango de energía es sobre el abastecimiento: la ganancia es un extra de abastecimiento, y la pérdida es una resta. Solo en un punto del rango, el punto central, se está en equilibrio. Ahí, no hay ganancia ni pérdida, sólo la armonía y la Unicidad del abastecimiento. Si rechazan y alejan cualquiera de las energías en este rango o intentan atraer y jalar hacia ustedes cualquiera de esas energías, entonces no se encuentran en el punto central.

Intenten enfocarse y vivir en el punto central de todos los aspectos de energía; en este punto hay un acuerdo de todas las energías. Aquí se encuentra el balance, el equilibrio, y ahí es donde está la paz. Ahí hay un conocimiento directo de la realidad, ya que, en cualquier otro punto del rango, mayor o menor, estarán influenciados por la ilusión de que uno de los extremos del rango es mejor que el otro, y no serán capaces de ver las cosas como son en realidad.

Una vez que sepan acerca de este sistema de dualidad, su percepción de la ganancia y pérdida cambiará hacia un nivel más sutil, y comenzarán a realizarse preguntas más fundamentales:

- ¿La ganancia es solo una ganancia aparente?
- ¿La pérdida es solo una pérdida aparente?
- ¿Una pérdida a nivel físico podría en realidad ser algo muy diferente, si te lleva a una ganancia a nivel espiritual?
- ¿Y si el rango de ganancia y pérdida no se trata realmente de obtener y perder, sino de ver la naturaleza verdadera de las cosas y ver más allá de la dualidad hacia la Unicidad de la Realidad?

Aprendan a observar todas las dualidades de la vida como si estuvieran unidas dentro de estos rangos de energía. Enfóquense en el punto central y junten los opuestos en su conciencia, afirmando que lo que están viendo no es dualidad en absoluto, sino la Unicidad fundamental trascendental de las cosas. En este estado de no dualidad, se vuelven progresivamente sensibles y conscientes de la realidad que es el Todo. Y, mientras más se integran con la no dualidad, más ilusiones se disuelven, y el velo del olvido comienza a adelgazarse. Aquí, por fin pueden comenzar a ver las cosas como realmente son y pueden comenzar a comprender su propia verdadera naturaleza como un Ser de Luz.

La Versión de Magdalena

Todo esto incrementa en gran medida su sensibilidad ante el balance y la armonía. Estas son llaves en el proceso del desdoblamiento espiritual, así que estén conscientes del efecto que su comportamiento tiene con su balance interno. Discutir por esto y negar aquello remueve la armonía de su consciencia. Al aceptar todo lo que les sucede como parte del equilibrio de la creación del dios Padre-Madre, afirman la armonía.

El universo se mueve de vuelta hacia su estado natural a
través de la armonía,
y el Todo canta en el silencio del corazón.

Comentario de Alariel: *Este sumario revela la naturaleza sutil y avanzada de la consciencia de María Magdalena. Mientras que Pedro «luchaba por el bien», María se elevaba hacia la no dualidad y el estado trascendental de la realidad. La iglesia no enseñó nada acerca de la naturaleza de la realidad; de hecho, suprimió cualquier conocimiento de este tipo, considerándolo, en el mejor de los casos, una desviación no deseada de la tarea de la salvación de almas y, en el peor de los casos, algo aún más siniestro, una forma de socavar la autoridad de la Iglesia.*

Los pares de opuestos pueden parecer un concepto bastante extraño para la mente occidental, pero estas ideas ya existen en su tradición occidental. El gran sabio, conocido por los griegos como Hermes, y por los egipcios como Thoth, utilizaba opuestos como un elemento central en sus enseñanzas, llamándolo el «Principio de polaridad». Desafortunadamente, esta información, bien conocida por las escuelas de Misterios, nunca se filtró a través de la corriente principal del pensamiento occidental, y así la mayoría de las personas en occidente, no fueron capaces de beneficiarse de conocimiento más profundo de este tipo.

Este conocimiento más profundo les ayudará a comprender la importancia del equilibrio a cada nivel del universo y por qué la Armonía es una ley tan suprema y fundamental. El entrar en conflicto, incluso en una causa justa, es darle la espalda a la Armonía y alejarse de la naturaleza de la realidad. Vuélvanse sensibles ante cualquier pequeña onda de disarmonía en su vida. Resuélvanla y pidan perdón si alguno de ustedes ha hecho daño. Usen un proceso constante de perdón para lidiar con estas ondas de disarmonía, para que nunca se conviertan en olas que amenacen su paz interior.

Comentario de Stuart: ¡Hay tanta profundidad en esta enseñanza de la no dualidad! Consideren por un momento una dualidad que ha ocasionado gran sufrimiento dentro de la familia del alma esenia: la dualidad del dar y el recibir. En palabras de San Ignacio Loyola, en su Oración por la generosidad, por más de 2000 años nos hemos enfocado tanto en la necesidad de «dar sin tomar en cuenta el costo» que, de hecho, hemos cerrado nuestra habilidad de recibir. ¿Será por eso que tantos trabajadores de la Luz tienen problemas de abundancia?

La idea de que están en una ilusión en cualquiera de los extremos del rango de energía, pero pueden tener conocimiento directo de la realidad en el punto central, es altamente significativo. Todos conocemos a personas que toman una visión del mundo simplista en blanco y negro, y ahora podemos ver lo que sucede con ellos. Ya que se concentran en posiciones extremas, simplemente les es imposible ver las cosas como son en realidad, porque están cegados ante la ilusión que domina cualquier punto extremo. No vale la pena intentar razonar con personas así. Debido al poder de la energía en el punto extremo, ellos creerán sinceramente que tienen la razón, incluso cuando estén absurdamente incorrectos.

En este punto sentí que aún necesitábamos adentrarnos más en cómo afecta la dualidad nuestras vidas, así que volví a Alariel por más información.

Alariel: Mientras permanecen en el reino tridimensional, las dualidades de ganancia y pérdida, mejor y peor, continuarán siendo importantes en sus vidas. A pesar de que es benéfico enfocarse en el ideal de la Unicidad, el logro final de un estado permanente de la Unicidad debe llegar cuando estén listos para él.

La gente que piensa que es fácil entrar por completo en la Unicidad, y vivir de forma permanente en ese nivel, ha subestimado la cantidad de trabajo personal que se requiere para lidiar con la agenda de asuntos emocionales, la «historia» y memorias celulares. La entrada total a la no dualidad y la unión permanente con la Unicidad, es un estado avanzado del desarrollo humano y debe ser reconocido como tal.

19

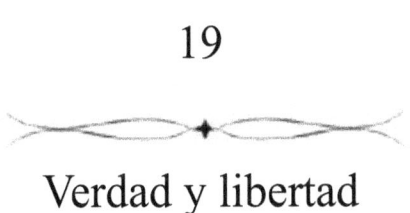

Verdad y libertad

Alariel: Respecto a la verdad y la libertad, María Magdalena dijo lo siguiente:

O bien ustedes quieren encontrar la verdad de las cosas, o no. Si están dedicados a la Luz, a la Verdad, dejarán ir todo lo demás hasta que la encuentren. E incluso si la Verdad es difícil y retadora en ocasiones, seguirán recorriendo este camino hasta que alcancen la Luz. Ya que cuando conocen la Verdad, los libera de todas las ilusiones de este mundo. Estando dentro de la Verdad, puedes ver las cosas como realmente son, y puedes comprender la naturaleza del Todo.

El Todo no es dual en esta naturaleza; no está fragmentado ni dividido porque está completamente enfocado en la Unicidad. Para ilustrar esto, permítenos tomar el ejemplo de un hombre sabio, debemos llamarlo José, quien eleva su consciencia al nivel del Todo y entra por completo en la realidad. ¿Qué es lo que encontrará ahí?

En la realidad no encontrará a nadie, nada, ningún concepto, ningún espacio y ningún tiempo, pero lo que «sí» se encuentra ahí, es la Consciencia Suprema. Cuando José entre en la realidad, su «Joseidad» desaparece, y se convierte en consciencia pura, la Consciencia Suprema. Y si tú te unieras a él ahí, tu existencia como un ser separado también se desvanecería, y tu consciencia y la consciencia que alguna vez fue José, no serían ahora dos «consciencias», sino «una» Consciencia. Y si todos los seres sintientes de todos los universos también entraran en la realidad, aún habría una sola Consciencia. Ya que a ese nivel solamente existe la Unicidad, y toda separación cae como las arenas del desierto volando por el viento.

Cuando ya no hay más un «tú» ni un «yo», esto podría sentirse como vacío, pero hay un gran misterio ahí. El Todo, que parece no contener nada, de hecho, lo contiene Todo, pero a nivel de la pureza y la consciencia unificada, no al nivel bajo de la separación y la ilusión. Lo mucho que parece existir, en realidad no existe. Son solamente proyecciones como una imagen pintada con energía, no la sólida realidad que parecen ser. Y en el nivel más alto de la Consciencia, solo hay Uno, solo está el Todo.

En la consciencia de esa Unicidad, yace un camino directo hacia la Luz. Este es el conocimiento secreto que te puede liberar de los velos de la ilusión y las cadenas de la falta de poder. Este conocimiento de no dualidad te conecta con tu verdadera naturaleza como un Hijo de la Luz, empoderándote a dar un paso al frente y reclamar tu Herencia Divina. Han estado viviendo en un mundo de sueños, de ilusiones. Ahora es tiempo de despertar y entrar en la Realidad y comenzar a comprender el Todo.

El mundo de la ilusión era apropiado para ustedes cuando eran unos niños espirituales, pero cuando buscaron conocer la Verdad y entrar en la Realidad, comenzaron a funcionar como adultos espirituales. Puede que la Verdad no siempre sea fácil y puede que no siempre sea cómoda, pero disuelve las limitaciones que los ciegan. Sobre todo, esta Verdad es lo que los libera de su pequeñez y les muestra los grandes Seres de Luz que son en realidad. Es así como pueden decir si es la auténtica Verdad, ya que la Verdad los libera.

Los sueños confunden,
las ilusiones ciegan,
pero la Verdad siempre los liberará.

Comentario de Stuart: La cita más conocida sobre este tema proviene del Evangelio de Juan, capítulo 8, verso 31: «Si se mantienen fieles a

La Versión de Magdalena

mis palabras, serán realmente mis discípulos; conocerán la verdad y la verdad los hará libres».

Comentario de Alariel: *Este pasaje ha sido distorcionado con el paso del tiempo. La versión original dice así: «Si siguen el Camino que yo les he enseñado, serán realmente mis discípulos; al seguir el Camino conocerán la Verdad, y la Verdad los liberará».*

Este sumario de Magdalena subraya todo el punto de las enseñanzas de María Magdalena. Ella no dice todo esto para jugar con ideas interesantes. ¡El punto de saber acerca de la Realidad es que ésta los libere! Pueden salir de sus limitaciones, sus adicciones, su confusión y su miedo, y elevarse a un estado de consciencia más alto que les dará acceso al empoderamiento, e incluso, tal y como lo establecieron los Rollos del Mar Muerto, «la eterna felicidad en la vida, sin final».

Hay miles de ilusiones, pero solo una Realidad, solo una Verdad. Cuando salen de una ilusión y entran en la Realidad, la Verdad que ven es exactamente la Verdad que cada ser iluminado ha visto desde el principio de los tiempos.

Hay dos aspectos clave de la Verdad: Verdad sobre ti mismo y Verdad acerca de la naturaleza de la Realidad. Y estos aspectos de la Verdad dirigen hacia un entendimiento trascendental de que su Yo interno y la Realidad no son dos cosas, ¡sino una misma! Esta es la Verdad que puede liberarlos desde la gran ilusión de separación y puede liberarlos de la dominación del ego al abrir un camino hacia la Luz.

Comentario de Stuart: Ciertamente, es verdad que los gnósticos, los conocedores de la Verdad, estaban mucho más interesados en la liberación que en pasar años encerrados en el estudio de una doctrina compleja. La dictadura doctrinal era exactamente lo opuesto de lo que representaban los gnósticos, pero quizá fue su aguda inteligencia lo que selló su futuro: representaron el tipo de democracia espiritual con base en la inteligencia, que la iglesia más temía y odiaba. Porque una vez que un gnóstico se liberaba, convirtiéndose en un conocedor de la Verdad, ¡nunca necesitaría un obispo que le dijera cuál es esa Verdad!

20

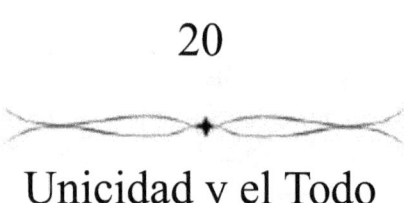

Unicidad y el Todo

Alariel: Respecto a la Unicidad y al Todo, María Magdalena dijo lo siguiente:

Mucha gente, en las primeras etapas del pensamiento acerca de la Unicidad, ven solo el lado suave y cómodo de ella, pero a medida que viajes hacia el centro de la Unicidad, descubrirás muchas capas de retos. Observar más allá de la dualidad y vivir en el punto central del balance es sólo el comienzo de ello.

Ya que el Todo valida cada cultura, cada raza y cada tradición por igual, deberán tirar todos sus prejuicios y opiniones y vivir en un estado sin opinión.

El Todo les enseña a aceptar todo lo que les sucede con un corazón y una mente abiertos, y les enseña a vivir en el momento presente y dejar ir todo su pasado, el pasado de su tradición, el pasado de su maestro, el pasado de su país, incluso su propio pasado. Cuando viven completamente en el Todo, se despiertan cada mañana como un bebé recién nacido, saludando al nuevo día: nada en su consciencia está arreglado, toda su consciencia está abierta a lo que sea que el universo tenga por enseñarles.

Entonces cesarán de buscar maestros solo entre los seres humanos o los ángeles, percatándose de que cada criatura pequeña, cada flor, o cada aspecto hermoso del paisaje o del cielo puede enseñarles profundas lecciones, a medida que recorren su camino. Y, con el tiempo, llegarán a valorar las experiencias de cada día de su vida como sus mejores maestros.

Cuando viven en armonía con el Todo, son amigos de todos y enemigos de nadie. Incluso el tiempo se expandirá y contraerá para servirles, y comenzarán a observar al dios Padre-Madre en todo lo que vean. Ver al dios Padre-Madre en todo y todos con quien se encuentren, cambiará su percepción de lo sagrado, y comenzarán a encontrar la sabiduría y perfección en todos lados, incluso en caos e insensatez aparente. Si deben viajar por una tierra en conflicto, verán solo paz, y su presencia bendecirá a todos los que se crucen con ustedes, ya que eso les recordará su propia paz que viene desde dentro. Enraizados en la Realidad, traerán un vistazo de Realidad en cada vida que toquen.

Ya que el Todo contiene todo el espacio y todo el tiempo, también trasciende todo el espacio y todo el tiempo. Al sintonizarse con la Realidad, se puede acceder a todo conocimiento y sabiduría. Pero acceder al conocimiento y la sabiduría es una cosa, y ser capaz de absorberlo y aplicarlo, es otra. Cuando la consciencia alcanza cierto nivel, la sabiduría de ese nivel se vuelve disponible para ustedes, y son capaces de retenerla y utilizarla porque ya están en el nivel apropiado para hacerlo. Si acceden a un nivel de sabiduría más allá de su nivel de consciencia, será resbaladiza, como un pez, y se deslizará de su mente antes de que puedan absorberla y aplicarla.

Lo más importante que pueden decir del Todo es que no es dual en naturaleza. En un estado no dual, todos los juicios trascienden en una consciencia que se eleva para ver la Unicidad que existe más allá de la ilusión de la dualidad. Cuando se elevan en consciencia y ven una imagen más grande, toda la dualidad beligerante de este mundo parece una farsa, un sueño distorsionado que no tiene sus raíces en la Realidad. En esa Realidad, lo que existe es una esencia, una consciencia suprema. Cuando se dan cuenta de que ustedes están hechos de la misma esencia que el más grande arcángel, comienzan a sentir su verdadera naturaleza como Hijos de la Luz. Y cuando comienzan a comprender que todo es Luz, todo es Espíritu, su consciencia comienza a cambiar. Entonces comienzan a ver la esencia del dios Padre- Madre moviéndose a través del universo en grandes oleadas de vida y crecimiento y una consciencia en expansión. Entonces pueden ver cómo la vida puede cambiar, moviéndose por todos los reinos para que la consciencia se mueva lentamente como una roca, dé vida como una planta, despierte como un animal, y cuando se origine un alma humana, que se expanda hacia el ritmo más rápido y hacia la consciencia más profunda de la vida humana. Entonces sabrán que todas las cosas vivas contienen la esencia del dios Padre-Madre.

A partir de este conocimiento, emergen ciertos principios:

1. Solo el dios Padre-Madre existe: todo y cada ser del universo contiene la divina esencia;
2. Esa esencia existe al principio solo en potencia, y se realiza a través de la expansión de la consciencia;
3. La esencia divina se mueve en oleadas de creación a través de todos los reinos de la vida, culminando en el reino humano;
4. En los sistemas planetarios en donde hay libre albedrío, los seres pudieran elegir alejarse de la Luz por un tiempo;
5. No hay pecado, solo el alejamiento del dios Padre-Madre y el regreso a la divinidad;
6. El viaje del alma sobre la Tierra es un proceso de aprendizaje y crecimiento, una oportunidad para responder al Amor y experimentar el gozo;
7. El universo es una vasta red de seres integrados, unificados por la energía y unidos por la consciencia. Así que todos están dentro de la Unidad y la Unidad está presente en todas las formas de vida.

Cuando se encuentran por primera vez con el Todo, podría parecer un gran vacío. ¡No se decepcionen al pensar que no hay nada ahí! Ninguna forma existe ahí, ninguna imagen, idea, ni «cosa», pero hay una Consciencia Unificadora Suprema. Debido a que esta Consciencia Unificadora

Suprema es la misma para ustedes y para mí y cualquier ser, es esencialmente «una» y no está dividida. Su baja consciencia podría percibir esta Consciencia Suprema como alocada dentro de muchos seres, muchas formas, pero esa consciencia individual está observando al Todo desde el punto de vista de la ilusión. En la Verdad, no hay separación, no hay división, no hay «muchos», solo Unicidad de Consciencia, en la que ustedes y todos los demás seres comparten en equilibrio.

Nada en el Todo puede ser amenazado o minimizado, ya que, si quitan algo del Todo, entonces quedaría el Todo más algo que se le ha quitado. Eso sería la dualidad, y la dualidad es la gran ilusión. Ignoren las muchas caras de la ilusión y vivan serenamente en el Todo.

Les advierto esto, su ascensión individual es parte de la ascensión de la Tierra, y la ascensión de la Tierra es parte de la ascensión del Universo, y la ascensión del Universo es parte de la ascensión del Todo. Pero, aunque el momento de hablar de la ascensión del Todo aún no ha llegado, cada alma que asciende a la Luz atrae más el día en que los sellos se abrirán, y se dará la Verdad de esta ascensión suprema.

Así que, sigan adelante hacia la Luz con coraje,
sabiendo que son parte de un Plan Divino
más grande de lo que cualquier
mente humana podría imaginar
y más lleno de gozo
de lo que cualquier corazón humano podría entender.

Comentario de Alariel: *Aquí, María revela toda la majestuosidad de su filosofía. Pero noten lo controversial que es esto: la idea de que todas las cosas y todos lo seres en el universo contienen a Dios, es ciertamente panteísmo, una percepción que fue denunciada por la iglesia como herejía. Pero tal es el poder gentil y la sabia autoridad de María Magdalena, que estos sumarios de Magdalena pueden ser aceptados como la verdad profunda y trascendental de las cosas, una verdad que tiene mucho más sentido y lleva a mucho más entendimiento de la vida que la simple versión presentada por la iglesia.*

Comentario de Stuart: María solo utiliza las palabras «les advierto» una vez en todos estos sumarios de Magdalena, así que sabemos que ahí está por revelar información del mas alto nivel y de mayor importancia. Esta es María Magdalena como profeta y vidente, mirando hacia el futuro y trayendo una visión clara que nos inspire y guíe. El drama es tan intenso en este punto, al final de este último sumario de María Magdalena, que casi podemos sentir a aquellos que la escucharon siendo motivados hacia un nivel de concentración más intenso; ya que aquí ella proyecta hacia el futuro y relaciona ese futuro con el proceso de la ascención individual.

Por más dramática que pudiera haber sido la situación cuando María dijo estas palabras hace 2000 años, la situación presente le da una relevancia incluso más aguda, ya que hemos alcanzado un punto al final del ciclo planetario cuando la transición para ambos, seres humanos individuales y el planeta Tierra, es inminente. En este punto estamos dando un gran paso al frente hacia este último objetivo de toda la Creación, la ascención del Todo. (La ascención del Todo se menciona en el texto gnóstico llamado Pistis Sophia, en la página 433 de la traducción Hurtak).

La sesión con Alariel continúa.

Alariel: Podría parecer extraño el presentar al reino humano como el factor «culminante» de todas las oleadas de la Creación, especialmente ahora que la humanidad está luchando con tanta ilusión y caos. Pero la verdad es que, a partir de este punto, todo el arco de su desarrollo espiritual permanecerá dentro del reino humano como «una amplia categoría de clasificación», por muy avanzada y sutil que pueda llegar a ser su consciencia. Los verdaderos grandes cambios son aquellos de roca a planta, planta a animal y animal a humano, así que «reino» es una buena descripción de esas etapas mayores.

Comentario de Stuart: Ahora podemos ver estos sumarios de Magdalena como un todo. Podemos evaluar su situación, y una cosa se vuelve clara de forma instantánea: estamos entrando en un nuevo territorio con estos sumarios de Magdalena. Esto no es cristianismo. Esto no es religión de ningún tipo; es algo un poco diferente, algo que el poeta Tagore llamó alguna vez «la totalidad del universo».

Esto es enseñanza pura de la escuela de Misterios con la Luz como símbolo central. Y la llave aquí es la fuente de la enseñanza. En un punto, María advierte a sus escuchas que estén «abiertos ante lo que sea que el universo tenga que enseñarles». Para la emergente iglesia cristiana, la enseñanza se realiza por la iglesia, el padre, la escritura. Pero para María es el universo, y una combinación de la Madre Tierra y el Padre Cielo que pueden, sin dudas, ¡ser percibidos como el universo!

Vean cuán leal era María a sus raíces esenias, pero noten también cómo construyó sobre esa base y, sustentándose en su formación como Suma Sacerdotisa de Isis, fue capaz de elevar esta enseñanza a un nivel superior. Aquí están viendo los elementos dentro de la filosofía esenia siendo transmutados hacia una sabiduría más elevada, simple y más universal. Esta es María Magdalena como alquimista, elevando el impulso esenio hacia el más alto nivel de logro gnóstico.

21

Preguntas y respuestas clave

Alariel: A lo largo de las ocho reuniones de solsticio de verano, algunos temas clave siguen siendo recurrentes. Hemos elegido una serie de preguntas que fueron realizadas en ese entonces, para poder subrayar esos temas.

¿Cuál es el mayor reto que tenemos por delante?
María Magdalena: Mantener simple el Camino. Jeshua nos enseñó un sendero simple, pero la simplicidad no atraerá a todos, y muchos sucumbirán a la tentación de «improvisar» a lo largo del Camino, elaborándolo y embelleciéndolo. ¡Esa tentación deberá ser resistida siempre!

¿Cuál es el mayor enemigo de aquellos que siguen el Camino?
María Magdalena: El miedo. A lo largo del Camino habrá veces cuando parezca que todo el mundo está en nuestra contra. No escuchen esa voz de miedo interior, ya que proviene de una visión distorsionada de la realidad. En la verdad, nosotros somos más fuertes que todos los ejércitos del miedo, ya que, en lugar de combatir el odio con más odio, llenaremos nuestros corazones y mentes con el mayor poder en todo el mundo, el poder universal del Amor. El Amor no pelea ni busca conquista ni dominio. En lugar de maldecir, el Amor bendice a todos los que toca y eleva incluso a aquellos que intentarán derribarte. Cuando sirves al Amor, caminas de la mano de los ángeles, sabiendo que nada puede prevenir el último triunfo de la Luz.

La Versión de Magdalena

Jeshua habló acerca de la «plenitud vacía». ¿Podrías explicar esto, por favor?

María Magdalena: Cuando él habló de este estado de plenitud vacía, nos estaba aconsejando que nos vaciáramos del pequeño y egoísta yo inferior, y que nos eleváramos y nos llenáramos del Espíritu. Ya que cuando estás lleno del Espíritu, entras en tu propia verdadera naturaleza, todas tus limitaciones caen y todas las cosas se vuelven posibles.

¿Cómo podemos sintonizarnos al reino del Cielo?

María Magdalena: El reino está dentro de ustedes, y también en todo el universo fuera de ustedes, y alcanzarán un punto en donde se darán cuenta de que el universo fuera y el Ser dentro, son Uno, y no están divididos. Este es el comienzo de la sabiduría. Entonces sabrán que son Hijos de la Luz y que ustedes son Luz, y también sabrán que nada en el reino del Espíritu puede ser amenazado ni minimizado.

El Salvador hizo cosas tan maravillosas que muchos están diciendo ahora que él debe ser Dios. Tú estuviste más cerca de él que cualquiera de nosotros. ¿Qué tienes que decir acerca de esto?

María Magdalena: En la tradición judía, el mesías es visto como el gran profeta y el salvador de su gente, pero no como Dios. Sin dudas, nuestra tradición nos prohíbe hablar de cualquier hombre como si él fuera Dios. Recuerden cuando Jeshua dijo:
—Todo lo que yo hago, tú serás capaz de hacerlo algún día, e incluso cosas más grandes que esto.

Esta es nuestra garantía de que Jeshua es como cualquier otro ser humano, un Hijo de la Luz. Si Jeshua fuera el hijo de Dios, ese dicho no tendría sentido. ¿Cómo podría cualquier humano tener esperanzas de hacer lo que hace el hijo de Dios, e incluso más? Pueden adorar a un hijo de Dios, pero no pueden seguir sus pasos, y Jeshua pidió que hiciéramos exactamente eso.

Comentario de Stuart: Vean cómo contesta María esta pregunta, tan claramente, enraizando su respuesta en la tradición judáica y citando directamente a Jeshua. Está bastante claro cuál es la posición de María sobre este tema, pero su respuesta se basa en la razón y no en su opinión personal.

No hay dudas de que ésta es una de las áreas de mayor controversia dentro del cristianismo con esta afirmación de Jeshua, contradiciendo el punto de vista convencional de la Trinidad. Este es claramente uno de los dichos clave de Jeshua y debe haber circulado oralmente antes de aparecer en cualquier forma escrita. Nosotros lo conocemos como parte del Evangelio de Juan, capítulo 14:12. Hay un conflicto directo aquí: no parece posible concebir la idea de un «único hijo», con la afirmaión de que algún día seremos capaces de hacer todo lo que Jeshua ha hecho.

Vale la pena señalar en este contexto que los cristianos del primer siglo no creían que Jesús fuera el único Hijo de Dios, esa percepción se volvió parte de la doctrina mucho después en la historia del cristianismo. La discusión sobre este tema hizo estragos en todo el mundo cristiano en los dos primeros siglos de la era cristiana, y fue solo después de la adopción del Credo de Nicea en el 325 EC, que la mayoría de los cristianos aceptaron el nuevo concepto. Eso no impidió que algunos teólogos se opusieran a esta idea durante el resto del siglo IV, e incluso hoy en día hay teólogos que disputan la idea del «hijo eterno».

La canalización de Alariel continúa.

Los zelotes están diciendo que él no nos salvó, ya que los romanos aún están en nuestras tierras.
María Magdalena: Jeshua cumplió la profecía. El sí salvó a su pueblo de Israel, pero a un nivel espiritual. Nuestra religión es ahora vieja y ha crecido mirando hacia dentro y demasiado ritualista. Él abrió las ventanas del alma y nos mostró una mejor forma de vida, un Camino que conduce directamente hacia la Luz, Su reino no es de este mundo, y es por eso por lo que los romanos no le preocupan.

¿Cuál es el mayor error que podemos cometer en el camino espiritual?

La Versión de Magdalena

María Magdalena: Verse a sí mismos como pequeños y sin poder: la verdad es que son vastos, poderosos y amorosos Seres de Luz. Han estado luchando por tanto tiempo aquí sobre la Tierra, que han olvidado quienes son en realidad. Creen que son débiles, limitados y que están atados, cuando en realidad son poderosos y libres. Y, a medida que sigan el Camino, todos los límites se alejarán de ustedes y montarán sobre alas del Espíritu como águilas y se elevarán hacia la alegría eterna del reino ascendido del Ser.

¿Cómo nos cambiará la experiencia de la Unicidad?
María Magdalena: Todas las cosas estarán en ustedes y ustedes estarán en todo. El pájaro más pequeño cantará la canción de ustedes y el más grande ángel será su amigo. Los ríos correrán profundamente dentro de ustedes y ustedes sentirán el movimiento del océano. Los planetas serán sus compañeros y ustedes serán uno con todas las energías de las estrellas.

¿Cuántas vidas has vivido sobre la Tierra?
María Magdalena: Como la mayoría de los seres humanos, he tenido muchos cientos de vidas terrestres. Hay excepciones a este patrón general, en ocasiones conocerás un ángel para quien esta sea la primera, y quizá su única experiencia humana, y en ocasiones, los seres vienen aquí desde sus casas en lugares lejanos entre las estrellas, por una o dos vidas solamente. Pero el número de ángeles y seres estelares sobre la Tierra en este presente es poco, como pocos granos de arena en el desierto. Todo el resto, toda la demás masa de la humanidad, tendrá muchas vidas aquí. Y algunas de estas vidas se vuelven especialmente preciosas para nosotros. Yo tuve una vida como poeta en Persia, que es uno de mis recuerdos más felices, y es por eso por lo que elegí tener un abuelo persa; estas cosas son arregladas por los ángeles mucho antes de que pongamos un pie sobre la Tierra.

Comentario de Stuart: La referencia a Persia es fascinante. Gracias a Alariel ya sabíamos que el abuelo de María Magdalena fue Baltazar, pero no teníamos idea del por qué habría esta conexión persa. Es verdad que muchas de las enseñanzas de María tienen un ritmo e intensidad poéticos, y quizá esto nos ayudará a comprender por qué sería así. No teníamos idea de quién podría haber sido este poeta persa y nos interesaría cualquier retroalimentación de algún lector que sea más experto que nosotros en esta área. Alariel se resiste a darnos más información sobre esto, explicándolo de este forma:

Alariel: ¡El investigar sobre esta área sería un proyecto interesante para cualquiera que desee seguirlo! Esto subraya cuánto esto es un esfuerzo en equipo. Piensen en ello como un tapiz arcoíris de la Verdad, cada ser humano trayendo sus propias percepciones para formar el arcoíris de la consciencia humana. Hubo un tiempo en que la Verdad se percibía por pocos y se transmitía a muchos. Ahora, la humanidad ha alcanzado una etapa en la que cada hombre, mujer y niño puede contribuir a la totalidad de la Verdad.

Comentario de Stuart: Esta frase, «El tapiz arcoíris de la Verdad», emergió primero durante una correspondencia por correo electrónico con William Brune de Missouri.

La canalización de Alariel continúa.

¿Cuál es el aspecto más infravalorado del camino espiritual?
María Magdalena: La hermandad de los Ángeles y del hombre. Intenten sintonizarse constantemente con la inocencia de los ángeles. Entonces se despertarán una mañana y mirarán con los ojos como el ángel que ustedes son. Todos sus sentidos se habrán movido hacia una nueva frecuencia, y entrarán en un mundo nuevo como un ángel espiritual, un Hijo de la Luz renacido.

¿En dónde está el reino del Cielo?
María Magdalena: El reino del Cielo está en todas partes, en el universo a su alrededor y en el templo más íntimo de su corazón. Si no conocen el reino del Cielo, vivirán en pobreza

incluso si tienen riquezas más allá de los sueños del hombre, porque constantemente sospecharán de robo y temerán el asesinato, y nunca serán capaces de disfrutar su riqueza. Pero cuando conocen el reino del Cielo, toda la abundancia del universo se propaga ante ustedes, todos los pájaros cantan para celebrar su paso, y cada día trae las bendiciones de incontables ángeles a lo largo de su camino.

Entonces, caminarán un sendero de armonía y paz, y conocerán la dicha del servicio, que es la libertad perfecta. Ya que cuando nunca se consideran a ustedes mismos, pero siempre consideran a aquellos a su alrededor, no tendrán tiempo para dudar ni preocuparse, y cada momento de su consciencia andante se llenará con el resplandor de la verdadera felicidad. Entonces ninguna carga parecerá demasiado pesada ni ningún camino demasiado escarpado, porque su viaje siempre estará acompañado de amigos y su enfoque estará en el reino del Cielo, que es el Amor, la Risa y la Dicha eterna.

Alariel: Juan siempre estuvo presente en las reuniones, realizando preguntas profundas y reflexivas como esta.

Juan: *¿En qué imagen debemos concentrarnos para sumar al progreso de la humanidad hacia la Luz?*

María Magdalena: La humanidad ha estado arrastrándose como un hombre cansado llevando una carga pesada de profundo dolor, sin embargo, ahora deberán convertirse en un pájaro dulce, subiendo al horizonte azul de la dicha sin fin. El tiempo de sufrimiento y todas las formas de pesadez, se ha terminado. Permitan que la ligereza del Espíritu llene sus corazones y los eleve a un mundo mejor, en donde todos deberán vivir como Hijos de la Luz completamente conscientes y caminarán de la mano de los ángeles. Jeshua, que ha probado toda la dulzura de la dicha eterna, sintió una profunda compasión por los sufrimientos de la humanidad pobremente ciega. Es por eso por lo que enseñó un camino simple hacia la dicha y la Luz, para que todos pudieran seguirlo y experimentar su derecho de nacimiento como Hijos de la Luz.

La Versión de Magdalena

Juan: En ocasiones cuando hablábamos con Jeshua, yo podía verlo alcanzando la mente de algún vidente y obtener la imagen de un gran barrido de creación moviéndose a través de todos los reinos de la vida. ¿Cuál es tu entendimiento de esto?

María Magdalena: Recuerden que Jeshua viajó al este y se encontró con grandes eruditos de los cuales nuestra tradición no tiene conocimiento, y aprendió mucho a partir de estos grandes Maestros de la sabiduría, parte de lo que me comunicaba a mí, pero no todo. Habló del vasto proceso de la vida comenzando en el nivel más simple como rocas y moviéndose a través de todos los reinos de la vida hasta que un alma humana nacía. Y aún más, habló de la experiencia a nivel humano, y del hombre y la mujer elevándose hasta niveles ascendidos del ser, pero me dijo que, en muchas formas, esto era solo el comienzo de nuestra verdadera educación en el universo...

Más allá del nivel ascendido, habló de eones de experiencia como Maestros del conocimiento y viajeros en los planos superiores del Ser, de vidas en las que seremos señores de los planetas y de las galaxias, hasta que tomemos nuestro lugar junto a los Elohim, los grandes arquitectos de toda la vida universal. Y habló de la sabiduría sin fin y la dicha más allá de nuestra imaginación más remota, de Vida más sutil e intensa de lo que cualquier mente humana podría comprender, y Amor más poderoso de lo que cualquier corazón humano podría abarcar. Y dijo que cuando comprendamos la naturaleza completa de nuestra consciencia, sabremos que todo con lo que nos hemos encontrado en este planeta era solo un preludio, solo un comienzo...

Juan: Y Jeshua solía decir que cada planeta y estrella tiene su propio patrón de desarrollo, aunque esto se desarrolló a lo largo de vastos espacios de tiempo...

María Magdalena: Sí, es difícil comprender la escala del tiempo en la vida de planetas y estrellas. Jeshua me dijo que, dentro de pocos siglos, los cielos alcanzarán un punto crítico cuando el patrón cambiará. Hasta ahora, las galaxias han pasado a la separación y han bajado a una realidad física más densa, pero cuando se alcance el punto de inflexión, todo eso cambiará.

La Versión de Magdalena

Entonces toda la Creación comenzará a volver a la Unicidad, de nuevo hacia la Luz. Y Jeshua dijo que su trabajo encaja dentro de este marco más grande, porque a medida que nuestro planeta se mueve hacia la Luz, la humanidad volverá a la Unicidad y también a la Luz, y somos los pioneros en este proceso. Allá a donde vamos en solos y en pares, pronto muchos otros nos seguirán, y el camino que ahora parece extraño y difícil se convertirá en una carretera desgastada en la que todos pueden compartir. A pesar de que en ocasiones Jeshua solía parecer enseñar con acertijos, eso era porque la naturaleza de la realidad es tan poco comprendida ahora. Entonces, pocos humanos han alcanzado el reino del Cielo que aún parece un lugar extraño y ajeno para la mayoría de las personas, pero a medida que más y más buscadores llegan a conocer la Verdad, aquellos que enseñan la Verdad encontrarán sus palabras mucho más ampliamente aceptadas.

Juan: Siento fuertemente que Jeshua ha sido mi Maestro durante muchas vidas; en ocasiones yo comprendía lo que él intentaba enseñarme y, tristemente, en ocasiones no. ¿Tú compartes este sentimiento?

María Magdalena: ¡Por supuesto! Nada es tan accidental y aleatorio como parece, y los ángeles están trabajando constantemente para reunir a todos los miembros de nuestro grupo de almas cada vez que nuestro Maestro se encarna en la Tierra, y particularmente cuando hay una vida tan importante como esta. En muchos sentidos, esta es la culminación de todas las vidas en las que Jeshua, usando muchos nombres y usando muchas caras, ha enseñado a nuestro grupo. Todos nos hemos sentado a sus pies y nos hemos inspirado por sus palabras, y ahora, en este momento crucial para la humanidad, ha llevado la experiencia humana a un nuevo nivel.

Ahora nos ha enseñado un Camino que es tan simple, que cualquiera puede seguir, y tan profundo, que incluso los más avanzados descubrirán sabiduría profunda a través del recorrido de este Camino. Este Camino atraviesa toda la complejidad del pasado, por lo que es una ruta directa hacia la Luz. Dirige hacia el mismo pico de logros de los Misterios, sin la complejidad de la antigua escuela de Misterios. Jeshua vio que la tradición de la escuela de Misterios, por maravillosa que sea, puede ser dominada solo por unos pocos iniciados dedicados. Él quería abrir este estrecho camino y hacer una amplia carretera que llevara a la gran masa de la humanidad hacia la Luz.

    Los años de estudio esotérico detallado, del ritual y la meditación, ahora se reemplazan por un simple camino enfocado en la energía universal del Amor, a través del vórtice del corazón. Aquí, se pueden obtener los mismos resultados como en los mejores templos de la vieja tradición. La energía universal del Amor es tan poderosa que puede atravesar cualquiera de los obstáculos y abrir una ruta directa hacia una experiencia trascendental de la realidad. Como una entrenada en los antiguos misterios de Isis, yo vi la osadía, la audacia de lo que él estaba proponiendo. Si tenemos éxito ahora, si el Camino florece, los números de iluminados no serán meros cientos como en el pasado, sino miles, quizá incluso millones. ¿No es eso una causa noble? ¿No es eso un camino que vale la pena para nuestro amor, dedicación y nuestro servicio?

Juan: ¿Y el Camino es completamente nuevo?

María Magdalena: Sí, totalmente. Sus componentes se pueden encontrar en muchas tradiciones de sabiduría, pero fue el genio de Jeshua quien las unió en un todo integrado y presentó ese todo de manera simple y directa.

Juan: Jeshua dijo que, si seguimos el Camino, no moriremos. Esto parece una afirmación audaz...

María Magdalena: La combinación de vida y muerte existe cuando eligen vivir como un ser separado, enfocados en las diferencias que los separan a ustedes del universo que hay a su alrededor. Cuando sigan el Camino, y se eleven en sabiduría, se darán cuenta de que todo es Una Consciencia, así que ustedes y el universo están unidos en la gran Unicidad de una vasta Red de Energía y Ser. Y entonces se volverán conquistadores de la muerte y vencedores de cada limitación humana, y tomarán su lugar como un Hijo de la Luz, inmortal y amoroso.

La Versión de Magdalena

Y cuando suficientes humanos hayan pasado por este gran cambio, entonces los hombres caminarán con los ángeles, y una época de paz y dicha llegará a la Tierra. Entonces cada hombre será su amigo, y cada día será una nueva canción, y todos trabajaremos juntos en armonía por el bien mayor.

Comentario de Stuart: Lo que más amo de todas las enseñanzas de María Magdalena es cómo se eleva en declaraciones que están llenas de una combinación única de positividad y poesía. Esta combinación parece ser un sello distintivo de sus enseñanzas, y en ellas se puede ver que su mente brillante y su corazón compasivo se elevan hacia nuevas posibilidades, y llevan a su audiencia a reinos con los que ni siquiera habían soñado. ¿Cómo podrías «no» amar a un maestro de este tipo?

22

Paralelismos con el Evangelio de Tomás

Alariel: Muchas de las cuestionas que surgieron durante las reuniones de los solsticios de verano, se relacionaban con los temas que hacen eco en el texto gnóstico clave, el Evangelio de Tomás. Hemos juntado ejemplos de estas preguntas para poder presentarlas aquí.

Comentario de Stuart: He colocado estas preguntas en el orden en que sus referencias aparecen en el Evangelio de Tomás.

¿Cuál es la mayor barrera para entrar al reino del Cielo?
María Magdalena: Cualquiera que separa su mundo interno del externo, de tal manera que ambos nunca se encuentran, esa es la gran barrera para entrar a los reinos de la Luz. Porque si alguien separa lo interno de lo externo, entonces no han comprendido la naturaleza de la realidad. En la Verdad, todo el universo es Una cosa, e interno y externo, propio y de otros, se unen para trascender la Unicidad.
Nota: Ver el verso 22 del Evangelio de Tomás. Recomiendo la traducción fina moderna en Más allá de la creencia: El evangelio secreto de Tomás, por Elaine Pagels.

¿Qué es lo que más movía a Jeshua y sacaba a relucir su compasión?
María Magdalena: Su alma se afligió por la difícil situación de los seres humanos. Vio que estaban ciegos de sus corazones y no podían ver lo que es real. Consideren lo que los ángeles pueden ver: ellos ven todo el reino espiritual de los seres, el flujo de energías, y todos los trabajos sutiles del universo, y dentro de cada ángel hay una canción elogiando el amor y la

belleza del dios Padre-Madre. Pero la mayoría de los hombres no puede ver nada de esto. Ellos ven trabajo, servidumbre y dolor, sin señales por ningún lado de la esperanza. Están encerrados en la pesadez del mundo, y los reinos del Espíritu son invisibles para ellos. Sus ojos pueden funcionar, pero sus corazones están ciegos, y es eso lo que incitaba la compasión de Jeshua. Es por eso por lo que él se esforzó incansablemente para mostrarnos el Camino de la Luz, para que nuestros corazones pudieran ver, y el Espíritu dentro de nosotros pudiera elevarse cantando. Ahora, la mayoría de los hombres habita en la pobreza del espíritu, y Jeshua, que está lleno de la abundancia del Espíritu, vino a compartir esta abundancia con todos los que se abrieran a recibirla.

Nota: Ver el verso 28 del Evangelio de Tomás.

¿Quién intentará robarnos la simplicidad del Camino?
María Magdalena: Aquellos fariseos que nadan en la complejidad, como los peces nadan en el agua y los eruditos que toman la sabiduría y la envuelven en pliegues elaborados de conocimiento, para que esté escondida de manera segura; esos son los ladrones que intentarán robarles el gran regalo del Camino simple. Pero Jeshua vino para romper los sellos del secretismo y abrir el Camino para que todos lo sigan. Síganlo en sabiduría e inocencia y dejen que sus corazones sean tan ligeros y dichosos como el espíritu de los ángeles. Y cuando los más miedosos se junten a su alrededor y les digan que se protejan con todo su laberinto de conocimientos, ríanse ante ellos y déjenlos en su complejidad, ya que están haciendo una trampa para sus propios pies y un engaño para sus propias mentes. Viajen en inocencia y simplicidad. Ese es el camino de los ángeles, y conduce directo hacia la Luz. Ese camino de Amor no necesita defensas, y su sabiduría no necesita explicación, ya que fluye desde el mismo corazón del universo.

Nota: Ver el verso 39 del Evangelio de Tomás.

¿Cómo podemos distinguir la Luz de la oscuridad?

La Versión de Magdalena

María Magdalena: Quien sea que no esté dividido, aquél que reconoce que el universo y él mismo son uno, estará lleno de Luz, pero aquellos que están divididos, ven rivales y enemigos en todos lados, porque están llenos de oscuridad. Busquen a aquellos que son luz y parte de la Luz, aquellos cuya vida es una canción y un baile, un tipo de sabiduría, amabilidad y dicha, ya que ellos son amigos de los ángeles y ellos los guiarán hacia la Luz.

Nota: Ver el verso 61 del Evangelio de Tomás.

¿El Camino nos retará y hará pruebas?

María Magdalena: Recuerden lo que dijo Jeshua: «¡Quienquiera que esté cerca de mí, está cerca del fuego!» Todos los grandes maestros espirituales son como un espejo en el que te ves a ti mismo, tanto tus virtudes como tus errores. El estar cercano a un maestro espiritual es aproximarse al fuego transformativo en el que todo lo que «no» es Luz dentro de ti, será consumido. Cuando toda esta basura es consumida, lo que resta es la claridad de la Luz que hay dentro. Ese es el gran regalo que el maestro trae para ti.

Nota: Ver el verso 82 del Evangelio de Tomás.

Se dice que los grandes sabios son capaces de mover montañas. ¿Cómo son capaces de hacerlo?

María Magdalena: Cualquier realidad física puede ser creada por aquellos que han fusionado el mundo a nuestro alrededor con el Ser interior, el corazón interno con el universo externo. Cuando estos dos elementos se vuelven Uno, ustedes tienen todo el poder del universo a su disposición, pero ya que para ese entonces se habrán alineado con la Luz, no abusarán de ese poder. Si tienen la fe perfecta de que una montaña se moverá, y no permanece en su consciencia ni siquiera la menor duda sobre esto, entonces la montaña se moverá. Ya que cuando conocen a su verdadero Ser como un Ser de Luz, todo el potencial de la Luz se encuentra listo para servirles, debido a que ustedes estarán listos para servir a aquellos que sufren o tienen necesidad. Entonces el tiempo y espacio se

dejan a un lado, y crean una realidad tal y como lo hace el dios Padre-Madre, fácil y en un simple momento.
Nota: Ver el verso 106 del Evangelio de Tomás. María está hablando aquí acerca del proceso instantáneo de creación, un nivel avanzado de creación de realidad que se describe en el capítulo 16 de nuestro tercer libro, Beyond Limitations: The Power of Conscious Co-Creation.

Alariel: El discípulo Felipe, quien jugó un papel prominente en todas las reuniones, también formuló preguntas profundas.
Felipe: María, hay una cosa que Jeshua dijo que yo nunca comprendí: él dijo que nos guiaría y nos haría hombres, para que nos volviéramos espíritus vivientes y entráramos al reino del Cielo. ¿A qué se refería con esto?
María Magdalena: Jeshua dijo que él me ayudaría a seguir el Camino y a reunirme con el Espíritu interior. Ya que cuando el ser menor y el Espíritu viviente se combinan, todos los aspectos del género se trascienden y una mujer tiene el mismo potencial que un hombre. Ahora estamos separados y divididos, pero cuando sigamos adelante hacia la Luz, todos ascenderemos como Hijos de la Luz, más allá de toda limitación y forma, e iremos juntos hacia la Luz.
Nota: Este pasaje clarifica y explica una de las partes más desconcertantes y oscuras del Evangelio de Tomás, verso 114.

Felipe: ¿Y debemos movernos por completo más allá de la forma para volvernos uno con la Luz?
María Magdalena: Al más alto nivel, sí, ya que la Luz y la forma ocupan dos niveles diferentes de creación, y la Luz es la mayor, tiene una vibración tan alta que ninguna forma puede existir dentro de esa esencia. A pesar de que el cuerpo físico puede ser visto como una proyección de la Luz y un cuerpo de alma como una proyección más alta que ella, ninguno de ellos puede existir en el más alto y puro nivel de Luz, que es el del Espíritu, en lugar del plano material. Y esta verdad de que nuestra forma externa debe finalmente disolverse en la Luz, se conoció durante siglos en la tradición de la escuela de Misterios en la que yo fui entrenada.

La Versión de Magdalena

Somos esencialmente Hijos de la Luz y, a pesar de que pedimos prestadas formas por un tiempo, ellas no son nuestra verdadera naturaleza, y al final, para regresar a la naturaleza real debemos rendir todas nuestras formas, incluso la forma a nivel del alma, para que podamos convertirnos uno con la Luz una vez más. Pero cuando volvemos a la Luz, volvemos con la semilla del conocimiento de todo lo que hemos aprendido aquí, así que regresamos con una gran cosecha para enriquecer la Fuente de donde venimos.

Comentario de Stuart: Este último intercambio muestra la profundidad de comprensión que sostenían todas las enseñanzas de María Magdalena. Aquí, su formación en el templo de Isis de Alejandría entra en juego y ella muestra su dominio de la enseñanza de la escuela de Misterios sobre el simbolismo de la Luz. La Luz fue uno de los símbolos centrales utilizados en la mayoría de las antiguas escuelas de Misterios, y la relación de la Luz con la forma es interesante.

Hay una resonancia aquí con nuestro primer libro, Los esenios: Hijos de la Luz. En la cita que introduce la parte catorce de ese libro, citamos las Tablas esmeralda de Toth el atlante, traducida por M. Doreal, y esto habla de la necesidad de «desformarse» antes de que uno pueda fusionarse completamente con la Luz.

23

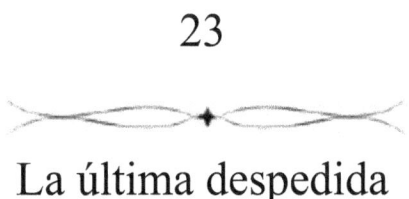

La última despedida

Este libro se desarrolló en una serie de avances y conexiones con otros que añadieron sus piezas a la imagen emergente, pero para abril del 2011, parecía como si todo el trabajo de escritura hubiera sido completado. Sin embargo, pronto descubrimos que había una sorpresa más para nosotros. Durante el mes de abril, nuestro amigo Pete Stickland acudió a nosotros para realizar una regresión a vida pasadas. A la mitad del proceso, la energía cambió y Pete fue capaz de hablar desde un nivel de profunda comprensión.

Después de la sesión, José de Arimatea habló a través y nos dijo que Pete estaba hablando desde su memoria de la última reunión gnóstica en Chipre. José prosiguió:

—Estas palabras debían ser recordadas por todos los presentes, para poder llevarlas a algún tiempo futuro, cuando hubiéramos acordado regresar nuevamente todos juntos.

Más tarde, Alariel y su grupo de ángeles verificaron las palabras con los Registros Akáshikos, realizando uno o dos pequeños cambios y agregando al final las últimas observaciones de María. Alariel también me dio más información para poner esto en perspectiva.

Alariel: En el momento en que se celebró la última reunión, ya estaba claro que las vidas de estos gnósticos se estaban volviendo progresivamente más difíciles, y la mayoría de ellos se percató de que esta sería la última oportunidad que tendrían para que el grupo entero se reuniera. En ese momento intensamente emocional, María Magdalena habló para todos ellos, y sus palabras reflejaron los sentimientos profundos dentro del grupo.

La Versión de Magdalena

Ahora están alcanzando el final de otro ciclo, y nuevamente están surgiendo emociones intensas dentro de la familia del alma esenia. Se deben situar los acontecimientos del reciente encuentro de marzo de este año en este contexto de tiempos paralelos. No fue un accidente que Pete experimentara una vida pasada justo en esta época especial, y fue su habilidad para equilibrar energías y su fuerte unión con María Magdalena lo que hizo posible este avance.

Comentario de Stuart: Lo siguiente es la información que llegó a través de la sesión con Pete y el material extra que Alariel proveyó al final, para completar las observaciones de María. Yo pienso que esta es una de las declaraciones clave de María, ya que muestra la profundidad de su comprensión de la energía central del Amor.

María Magdalena: Nosotros somos quienes conocemos la dicha del Amor, la dicha de la unión. Nosotros somos quienes conocemos la verdadera conexión con los demás, no estamos separados. Nosotros reconocemos esta conexión como Amor. No se necesitan palabras aquí, y este Amor lo incluye todo. Dentro de este Amor no se esconde nada, y no hay nada que esconder.

Aquí no hay fronteras, ya que sabemos que el Amor es infinito. No hay nada que no esté incluido dentro de este Amor, y no se necesita nada extra. Aquí estamos conscientes de los demás como Luz pura, Amor puro, Consciencia pura. Es tan fácil ser el Amor, mantener esta energía, y yo me pregunto por qué elegiríamos cualquier otra existencia. Pedimos que otros conozcan esta realidad para que ellos también puedan elegir el Amor.

Y ahora sabemos que debemos movernos hacia otros reinos que no están tan llenos de Amor, pero si todo va bien, estos, también, se elevarán hacia la Luz. Hay tanta belleza en el reino físico, la Madre Tierra es tan hermosa. Hay tanta vida aquí, y estamos tan conectados con la Madre Tierra, tal como ella está conectada con el Padre Sol, nuestra estrella brillante. En un nivel de experiencia profundo, todo es Uno, y el signo de esta Unicidad es el gran regalo del Amor que nos conecta a todos.

Es tan bueno saber que yo tengo una familia espiritual que camina conmigo, una familia que conoce la Verdad; con esta familia puedo ser quien soy en realidad. Es tan bueno recordar este tiempo juntos y, cuando salgamos al mundo, llevaremos con nosotros la energía del Amor. Cuando todos nos encontremos nuevamente, quizá en otras vidas llevando diferentes caras, entonces reconoceremos esta energía dorada y sabremos que hemos conectado nuevamente con la gran Familia del Amor.

Así que salgan al mundo con coraje y alegría, llevando la energía del Amor con ustedes, y permitan que esta energía se irradie como ondulaciones doradas, hasta que el mundo entero sea bendecido y unificado.

Que el Amor llene siempre sus corazones,
y que los ángeles los bendigan
y los guíen en su camino.

La Versión de Magdalena

Parte tres:

La Tierra sagrada

*La sabiduría nativo americana
está profundamente enraizada
en el universo sagrado
y la Tierra sagrada.*

Alariel

La Versión de Magdalena

24

La red de la vida

Comentario de Stuart: Para ubicar el tema del universo sagrado dentro de un contexto moderno, he dedicado la tercera parte de este libro al discurso del Jefe Seattle. Él era el líder de las tribus Suquamish y Duwamish en el área central del este de Puget Sound, en la costa noroeste pacífico americana. Él pronunció su discurso en diciembre de 1854 como parte le las negociaciones del tratado con el gobierno de Estados Unidos.

Hay dos versiones principales del discurso, una grabada por el testigo Dr. Henry Smith, y un texto más realista desarrollado en 1969 por el profesor William Arrowsmith de la Universidad de Texas. Arrowsmith leyó esta versión del discurso en 1970 en un mitin del día de la Tierra, al que asistió su colega el profesor Ted Perry. Con el permiso de Arrowsmith, Perry utilizó este texto como base para un guión cinematográfico inspirado por las palabras del Jefe Seattle.

Estoy muy agradecido con Ted Perry por el permiso otorgado para citar partes de ese texto al producir mi propia versión del discurso, que proporciono aquí. Esta versión está basada en la canalización de la consciencia del Jefe Seattle y proyecta el discurso que él daría hoy en día a una audiencia iluminada y con consciencia ambiental. (ver también la sección de Lecturas recomendadas bajo Gifford).

La red de la vida

Cada parte de la Tierra
es sagrada para mi gente.
Cada colina y cada valle
ha sido tocado por algún recuerdo feliz o
un triste evento en la vida de mi gente.

La Versión de Magdalena

Cada isla, cada arroyo,
cada camino entre los altos árboles
ha compartido momentos de dicha
o nos ha consolado en tiempos de dolor.
Cada río, cada montaña, cada lago
ha compartido nuestras aspiraciones y nuestros sueños.
Cada aguja de pino brillante,
cada costa arenosa,
cada niebla en los bosques oscuros,
cada prado e insecto zumbante
es sagrado en la memoria y experiencia de mi gente.

La savia que corre por los árboles
lleva las memorias de la gente roja.
Incluso las piedras a lo largo de la orilla del mar
resuenan con las memorias de mi gente.
La tierra debajo de nuestros pies responde
más amorosamente a nuestros pasos que a los tuyos,
ya que contiene las cenizas de nuestros abuelos.
La Tierra es rica con los ecos de los nuestros,
y nuestros pies descalzos conocen el toque afín.

Somos parte de la Tierra
y ella es parte de nosotros.
Las flores perfumadas son nuestras hermanas,
y el reno, el caballo, el gran águila, son nuestros hermanos.
Las crestas rocosas,
los jugos en las praderas, el calor corporal del pony,
todo esto pertenece a la misma familia,
una familia sagrada, ya que proviene de una Fuente sagrada,
el Creador de todas las cosas.
El hombre también es parte de esta familia,
la sagrada familia de la vida.

Y cuando matamos a algún ser vivo
para que nuestros hijos tengan comida,
pedimos permiso para hacerlo

La Versión de Magdalena

y respetamos el sacrificio que el animal ha hecho.
Para nosotros, toda vida es sagrada,
y al ser sagrada, demanda respeto.

Si decidiéramos vender nuestra tierra,
recuerden que es sagrada.
Enseñen a sus hijos que es sagrada
para que sepan
que cada reflejo en el agua tranquila o en los lagos
cuenta los eventos dentro de la historia de mi gente.
Así resuena la fuerte voz del trueno
el sonido de los tambores de guerra.
La suave nieve que cae susurra
un tiempo de claridad y sanación,
y el arcoíris nos recuerda un tiempo de alegría.

En el crujido de las hojas iluminadas por la luna
escucho el cantar de mi abuela,
y el murmullo del río
hace eco con las voces de mi piel.
El aire es precioso para el hombre rojo,
ya que todas las cosas comparten
el mismo aliento: el animal, el árbol, el hombre.

El aire que le dio a mi abuelo su primer respiro
también recibe su último suspiro.

Así que si vendemos esta tierra,
recuerden mantener algunos lugares indómitos y salvajes
en donde puedan saborear el viento
endulzado por el perfume de flores de los prados.
Y dejen algunos rincones de sus vidas
también indómitos y libres
más allá de la tiranía mecánica del tiempo.
Disfruten en ese espacio libre,
tal como nosotros hemos hecho,
el suave vaivén de las olas en la orilla

La Versión de Magdalena

y el resplandor cristalino de un arroyo de monataña,
la agilidad del caballo
y el vuelo del águila,
la belleza de un atardecer
y la claridad fresca del alba,
la sensación de la arena debajo de sus pies
a medida que caminan por la playa
y la magia de la nieve pintando las colinas
con una carpeta de blanco,
el resplandor de la lluvia fina sobre una telaraña
y un ave marina llamando en algún lugar de la bruma,
el roce de las hojas en un bosque oscuro
y la charla de ranas al atardecer, alrededor de un lago,
la maravilla de las estrellas en una noche clara
y el misterio plateado de la luna.

Y cuando viajen por la tierra,
por este país que alguna vez fue nuestro,
deténganse un momento al escuchar
algún pájaro cantando dulcemente en el aire matutino
o al ver la belleza frágil de una mariposa,
o cuando lleguen a algún lugar en donde la vista
toque una cuerda dentro de su corazón.
Y sepan que cuando hacen esto, ha tocado
también nuestros corazones
y ha hecho que un viaje largo parezca más corto
con un momento de alegría.

Y den gracias al Creador que ha concebido todas las maravillas
y la belleza de esta Tierra sagrada. Y todas estas cosas,
tan preciosas para nosotros,
pueden parecer preciosas también para ti.
Y si tus hijos
y los hijos de tus hijos
reciben de esta tierra,
tan solo un décimo de toda la alegría y las bendiciones
que mi gente ha recibido,

entonces sin duda ellos se considerarán a sí mismos como ricos.

Hemos sido los guardianes de esta tierra,
este lugar que el Creador nos ha dado,
y el vender esta tierra no es poca cosa.
No hay lugar desierto
ya que están llenos de muchos seres vivos.
Así que, si les vendemos toda esta tierra,
ámenla y cuídenla como nosotros hemos hecho.
Y si vendemos esta tierra,
deben tratar a las criaturas de este lugar
como sus hermanos,
ya que todas las cosas comparten la red de la vida.
¿Qué es el hombre sin las criaturas de la Tierra?
Si todos los animales se fueran,
el hombre moriría de una gran soledad en el espíritu.
Lo que sea que le pase a las criaturas sobre la Tierra,
pronto le sucederá al hombre,
ya que todas las cosas están conectadas.

La Tierra es nuestra Madre.
Eso lo sabemos.
La Tierra no le pertenece al hombre,
el hombre le pertenece a la Tierra.
Eso lo sabemos.
Todas las cosas están conectadas
como la sangre une a una familia.
Todas las cosas están conectadas,
y lo que sea que le pase a la Tierra,
le pasa a los hijos de la Tierra.
El hombre no tejió la red de la vida,
él es meramente un hilo más en ella.
Lo que sea que él haga a la red,
lo hace a sí mismo.

El poder del Creador fluye
a través de esta red de la vida,

La Versión de Magdalena

y el Creador nos puso aquí
como los guardianes de esta tierra.
Como guardianes, reconocemos que
todos los seres vivos tienen su propio camino
y su propio propósito.
Eso debe ser respetado.

La Tierra, nuestra Madre,
nos nutre y provee un lugar
en donde podemos recorrer nuestro camino.
Y todas las alegrías y penas de nuestra vida son lecciones
que nos llevan poco a poco
al equilibrio y la mayor armonía.
Esta armonía lo envuelve todo,
lo vivo y lo muerto,
y cada planta y criatura,
piedra y estrella a través del universo.
Todos los aspectos de la Creación
comparten esta gran armonía,
y cada forma de vida
contiene una esencia plantada en lo más profundo
por el poder del Creador.
Esta esencia sagrada es la fuente de nuestro respeto
por cada ser vivo,
y esto es lo que honramos en
las rocas y los árboles.

Nosotros nos vemos a nosotros mismos,
no separados ni como una fuerza soberana,
sino como una hebra dentro de la red de la vida,
una hebra dependiente de las demás,
al igual que ellas dependen de nosotros.
Viviendo en armonía con toda la vida,
vemos los ciclos del sol y la luna,
los ciclos menores y los mayores,
dentro del patrón de flujo del Todo.
Esta comprensión le brinda a nuestras vidas

un lugar dentro del esquema de las cosas,
un significado más profundo,
y un propósito que trasciende
las penas más agudas y las dichas más dulces.

El conocimiento de esta armonía
ilumina todo nuestro vivir como una estrella
y yace detrás de nuestro deseo
de vivir en paz con ustedes.
Esta armonía está tejida profundamente dentro de nuestra gente
y forma la fuente de nuestros sueños,
nuestras mayores aspiraciones,
y los anhelos más profundos de nuestros corazones.
Corre tan profundo dentro de nosotros
que no hablamos con frecuencia
de estas cosas.

Yo hablo de esto ahora
para que ustedes comprendan
por qué nunca debemos considerar
vender esta tierra que es tan preciosa
y forma una parte de nosotros.
Y si acordamos a esto,
espero que vivamos
el crepúsculo de nuestra raza,
nuestros pocos días restantes, en paz.

Aún así, cuando el último hombre rojo
se haya desvanecido de la Tierra,
y su memoria sea solo otra leyenda, como una nube errante
a través del cielo de invierno,
estas costas y bosques aún mantendrán
los espíritus de mi gente.
Los guerreros valientes y los viejos profundos,
las madres amables y abuelas sabias,
los niños que jugaron entre los árboles iluminados por el sol
y eran tan felices ahí,

La Versión de Magdalena

todos ellos aún aman los lugares solitarios de esta tierra.

Y cuando los hijos de sus hijos se adentren
y piensen que están solos en los bosques
y en las planicies,
en los valles o en los bosques tranquilos,
ellos no estarán solos.
Ya que cada esquina de esta tierra
está llena con los espíritus de mi gente que regresa,
espíritus gentiles que alguna vez recorrieron
estos montes y valles,
costas y lagos
a través del verano dorado de nuestra raza.

Así que sean justos
y traten amablemente con mi gente.
Ya que los muertos están en todos lados entre ustedes,
y ellos tienen el poder de cazar
los profundos recovecos de sus sueños más profundos.

Parte cuatro

María Magdalena en perspectiva

*María comprendió el reino del Cielo
mejor que cualquier otro
discípulo.*

Daniel benEzra

La Versión de Magdalena

25

Una mujer misteriosa

Cuando comenzamos a investigar a María Magdalena, en comparación con muchas otras figuras del Nuevo testamento, ella parecía tanto remota como misteriosa. Había referencias a ella en los evangelios gnósticos, pero ya que están limitados por un formato de pregunta y respuesta, María nunca fue capaz de hablar extensamente. El resultado es como un mosaico incompleto con muchas piezas pequeñas, pero no las suficientes para armar una figura completa. Incluso su propio evangelio, El Evangelio de María, está fragmentado. Solo sobrevivieron ocho páginas de las dieciocho que tenía, y esto significa que el 56% del texto está desaparecido. El resultado de esta situación es claro: nunca hemos escuchado la verdadera voz de María Magdalena, que es la razón por la cual continúa siendo todo un misterio.

A medida que continuaban nuestras investigaciones, y Alariel accedía a hablar extensamente sobre la identidad de María Magdalena, ella comenzó a tener un enfoque más claro para nosotros. Cuando aprendimos que después de la muerte de su padre había entrado a la casa de José de Arimatea en Jerusalén, a la edad de ocho años, como su «hija adoptiva», esta simple revelación cambió toda nuestra percepción de María. De pronto dejó de ser una forastera, una extraña, y se convirtió en una más del círculo interno que rodeaba al joven Jeshua.

Cuando Alariel describe su «único mágico año juntos», de niños, antes de que cada uno se fuera a su propio viaje de exploración espiritual y auto realización, las bases ya se habían establecido para sus próximas reuniones como adultos. Y, cuando él añade que incluso siendo niños «notaron el lazo espiritual poderoso que se extendía por muchas vidas», está comenzando a revelar la verdadera y perdurable naturaleza de su relación, y el secreto de por qué fueron capaces de trabajar juntos en tan perfecta armonía. Esto comienza a sonar, no como un encuentro casual de almas desconectadas, sino más como el trabajo de alguna gran estrategia, y quizá incluso un relato de una gran historia de amor que se extiende por muchas vidas.

Cuando comenzamos esta serie de libros, nuestro conocimiento de María Magdalena era sin duda bastante limitado. Ahora, mirando atrás, podemos ver que carecíamos incluso de la información más básica sobre ella, por ejemplo, no sabíamos su nombre completo. «María Magdalena» es una forma de identificarla, tal como los nombres «María de Betania», o «Jaime, hijo de Zebedee», que identifican a estos individuos, pero no es su nombre completo. A pesar de que se han realizado intentos para relacionar a María con Magdala, cerca de Galilee, la verdad es que «Magdalena» es una distinción, más que una referencia al nombre o a un lugar. Derivado del hebreo «migdal», que significa «torre», identifica a una persona que, al menos por una vez, se aparta del mundo para buscar un camino espiritual. También lleva un «sentido de aislamiento» en búsqueda de la Verdad, en contraste con la integración en la vida del mundo como ama de casa.

Así que cuando Alariel habló sobre la identidad de ella, aprendimos que su nombre era Myriam, pero la información sobre su segundo nombre nos llegó de una fuente diferente. Cuando Lyn revivió su vida pasada en Israel, María Magdalena fue primeramente identificada bajo el nombre de «Anna», con el nombre extendido de «María Anna» emergiendo más tarde en la misma sesión. Esta fue una pieza vital de información porque, poniendo todo junto, entonces supimos su nombre completo: Myriam Anna de Tyana.

Pero cuando comenzamos a mirar fuentes tradicionales de información acerca de María, resultaron mucho más restringidas. El relato bíblico provee solo referencias cortas y tentadoras de ella, e incluso cuando trabajábamos en nuestro primer libro, Los esenios: Hijos de la Luz, no tuvimos idea de su verdadero significado. En el capítulo 16 de ese libro, describimos la existencia de un grupo altamente secreto dentro de la hermandad esenia, llamados «núcleo central». Cuando Daniel describió por primera vez esta organización, nos dijo:

La Versión de Magdalena

—Sólo unos pocos en cada comunidad saben de él. Podrías vivir y trabajar en una comunidad esenia por toda tu vida y nunca escuchar a nadie hablando acerca del núcleo central.

Gradualmente, pusimos todas las piezas en su lugar acerca de esto, el más secreto de todos los aspectos de los esenios, y una imagen emergió acerca de un grupo interno que apoyaba el trabajo de Jeshua y era responsable de su seguridad hasta cierto punto. Y una de las sorpresas cuando obtuvimos una lista de todos los siete miembros centrales del grupo, fue que María Magdalena estaba ahí, en este grupo esenio interno y el más secreto.

En ese entonces, esa información nos intrigó, y nos preguntamos «¿por qué estaba María Magdalena operando al más alto nivel de la hermandad esenia en un grupo que también incluía a José de Arimatea, su hermana la Madre María, su esposo José, su hijo Jaime y el sobrino de María, Juan? ¿Qué estaba haciendo una misteriosa María Magdalena en una compañía tan prestigiosa?»

A medida que la información para ese primer libro seguía llegando, nuestra percepción de María Magdalena cambió radicalmente. Sin embargo, en esa etapa nos volvimos conscientes de que había trasfondos moviéndose en contra de ella en la sociedad judía. Aquí, por ejemplo, está Daniel intentando describir brevemente a María Magdalena.

Daniel: María era una persona de gran virtud y autoridad, ganada a lo largo de muchas vidas. Ella era como una sacerdotisa, una persona de gran intensidad. Nosotros los esenios reconocimos su poder y linaje. Reconocimos lo que ella había logrado. No todos lo hicieron. Algunos estaban muy dispuestos a despedirla, especialmente cuando escucharon acerca de sus conexiones con Egipto.

Claramente, fue su entrenamiento en el templo de Isis en Alejandría lo que alarmó y asustó a los discípulos más convencionales y los puso en contra de ella. Tomen en cuenta que todos los judíos más convencionales como los fariseos, consideraron la tradición de sabiduría de Isis como un «culto pagano y hereje», un punto de vista que no era compartido por los esenios progresistas, quienes estaban bastante felices de enviar a sus hijas a que entrenaran ahí, en la escuela de Misterios. Sin embargo, esos puntos de vista convencionales eran bastante comunes en la sociedad judía más amplia de esa época. Una sacerdotisa en la tradición de Isis hubiera sido considerada con miedo y odio tanto por los fariseos como los saduceos de esa época. Cuando uno se percata de esto, la oposición hacia María entre el grupo más amplio de los discípulos, incluyendo a Andrés y su hermano Pedro, se vuelve mucho más fácil de comprender. Ellos solo estaban reflejando los prejuicios comunes en su sociedad y no estaban expresando un punto de vista particularmente extremo.

Aunque esta corriente subyacente de resistencia y sospecha de María Magdalena siguió siendo un tema recurrente en nuestras investigaciones, también notamos un tema de contrapeso que elevaba a María al círculo más cercano alrededor de Jeshua. (En nuestro primer libro utilizamos el nombre tradicional «Jesús», y sólo nos dimos cuenta de que nunca fue llamado por este nombre a medida que se desplegaban nuestras investigaciones para el segundo libro). Aquí, por ejemplo, se cita a Daniel en el capítulo 26 de Los esenios: Hijos de la Luz:

Daniel: A pesar de que Jesús estaba mucho más avanzado que ninguno de nosotros, pude darme cuenta de que Magdalena era la que más cerca estaba de él. Por supuesto, tanto la energía masculina como la energía femenina son aspectos de las energías divinas y, como esenios, nosotros conocíamos y distinguíamos muy bien el simbolismo del Padre y la Madre. Así pues, aunque yo pude sentir que existía un misterio más profundo en su relación, ese misterio iba más allá de mi comprensión. Cuando ellos estaban juntos dentro de un grupo mayor, sucedían momentos en que unas energías muy grandes fluían a través de ellos, proporcionando un poder y una gracia especiales al movimiento más sencillo.

Comentario de Stuart: A medida que continuaba nuestra investigación, nuestro entendimiento del significado real de María Magdalena se profundizó y clarificó. Y cuando Alariel nos reveló el patrón doble del desarrollo especial que Jeshua había planeado, una iglesia externa y una escuela de Misterios interna, todo esto se volvió mucho más claro. Aquí está Alariel explicando este patrón de desarrollo en el capítulo 11 de El Poder de Magdalena.

Alariel: Por encima de todo, Pedro no podía aceptar la estructura básica en que el Camino se transmitiría: después de que Jeshua los dejara, las enseñanzas se darían de dos formas; las enseñanzas externas se transmitirían por la mayoría de los discípulos masculinos, dirigidos por Pedro, quien debía ser la roca, la base de este nuevo movimiento; mientras que, las enseñanzas internas (los misterios internos del Camino), serían enseñadas por Juan, Jaime, Tomás y Felipe, siendo este grupo liderado por María Magdalena.

Comentario de Sutart: El fracaso de Pedro para aceptar el papel de liderazgo de María como guardiana de los misterios internos y la líder de la escuela de Misterios del Camino, tuvo efectos trascendentales. Al distanciarse de María Magdalena, Pedro hizo posible la persecución de los gnósticos y al rehusarse a aceptar el papel de liderazgo de una mujer dentro del nuevo movimiento cristiano, comenzó el largo camino que dirigió hacia el desempoderamiento de la mujer dentro de la iglesia, un tema que sigue deteriorando la vida espiritual de occidente hasta el día presente.

Sin embargo, a pesar de toda la controversia que la rodea, se puede discernir una tendencia poderosa que ha dado lugar a que María Magdalena sea honrada, amada y venerada en todo el mundo. Y en el corazón de esta percepción positiva de María Magdalena se encuentra la innegable grandeza de su logro.

Al mezclarse con el Todo, María Magdalena fue capaz de trascender el tiempo y entrar en un nivel tan fundamental de la Verdad, que incluso ahora sus palabras parecen frescas, modernas y llenas de sabiduría e inspiración. Si comparan los sumarios de Magdalena con cualquiera de los evangelios gnósticos, notarán la distancia tan grande que ha viajado María. Al entrar valientemente en un nivel tan fundamental de la Verdad, se ha convertido en un faro para iluminar incluso los lugares oscuros de nuestro propio tiempo.

La Versión de Magdalena

En un sentido muy real, María Magdalena es la primera mujer moderna. Demuestra respeto por toda la vida al ser iluminada, empoderada, valiente y compasiva. Al hacerlo, se ha convertido en una heroína del mundo occidental, una heroína que ahora está lista para conquistar su propio terreno, dejar de lado todas las distorsiones y las mentiras, y destacarse como uno de los mejores íconos de nuestro tiempo.

26

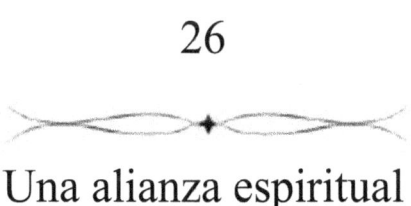

Una alianza espiritual

Alariel: La clave para comprender todo el patrón de vida de María Magdalena es su alianza espiritual con Jeshua. Todos los largos años de preparación y entrenamiento hacen sentido solo dentro del gran contexto de esta alianza.

La naturaleza de su preparación fue bastante diferente y, sin embargo, complementaria. La preparación de Jeshua fue externa y dinámica en su enfoque, viajando por gran parte del mundo antiguo y conectándose con muchas tradiciones y formas de comunicar la verdad. La preparación de María fue bastante diferente al ser enfocada internamente y receptiva en su naturaleza, encerrada dentro de las paredes de un templo, en el que los secretos más recónditos de la tradición de Isis le fueron revelados. Cuando José de Arimatea fue a Tyana, fue para adoptar a la María que aún no era Magdalena. A través de su intenso entrenamiento interno en el templo de Isis, María se «convirtió» en Magdalena, la torre de sabiduría fuerte, enraizada en la tierra, no obstante, apuntando a los cielos, una conexión vital entre la humanidad y el Todo.

Hay un día y un evento, que marcan la transición de los largos años de preparación hacia el comienzo de su verdadero trabajo en el mundo, y este es el día en que Jeshua regresa de Jerusalén. Él se había marchado como un niño de doce años y regresó como un hombre de treinta. María se había marchado como una niña de nueve y volvió de Alejandría dos semanas antes del regreso de Jeshua, directo a la casa de José en Jerusalén. Utilizando sus poderes, ahora completos, como Suma Sacerdotisa de Isis, María se sintonizó a la consciencia de Jeshua y fue capaz de mezclarse con él y ver a través de sus ojos. Es así como sabe exactamente en dónde se encuentra él en el camino entre Jerusalén y la costa, en donde desembarcó de uno de los barcos de José.

Llevando una pequeña jarra con ella, María sale a encontrarse con Jeshua y elige un pueblo al oeste de Jerusalén donde hay un pozo al borde de la carretera. La reunión en el pozo es real, pero también es profundamente simbólica: esta será una reunión de dos Iniciados que han bebido profundamente del pozo de la sabiduría sin edad.

Jeshua llega, caliente y polvoriento en el sol del mediodía, y allí está María con la jarra de la que bebe. Ese simple acto es simbólico; ofreciéndole María todo el conocimiento, toda la sabiduría que ha adquirido en sus años de entrenamiento en la tradición de Isis. Y habiendo bebido, Jeshua compara la jarra con sus largos años de preparación, y la rompe en la piedra del pozo para demostrar que todo esto ha terminado, y que están entrando en una nueva fase en sus vidas.

Y Jeshua toma la mano de María y dice:

—María, este día comienza nuestro verdadero trabajo. Vamos de la mano a Jerusalén, como señal de que estamos comenzando nuestro ministerio juntos.

Comentario de Stuart: A pesar de que el ministerio está bien documentado, las enseñanzas que María brindó en la isla de Chipre como sus sumarios, se perdieron por muchos siglos. Aquí está la reflexión de Alariel acerca de la importancia de esos sumarios de Magdalena.

Alariel: Los sumarios dieron un resumen conciso pero comprensible de las enseñanzas de María en áreas clave de conocimiento. Considerados en conjunto, estos sumarios forman un perfil completo de la filosofía de María Magdalena, una filosofía enriquecida por su vida como una esenia líder, su entrenamiento en el templo de Isis en Alejandría y su vida como pareja espiritual de Jeshua. Ella aprendió bastante de Jeshua, pero como alguien formada como Suma Sacerdotisa en la tradición de Isis, ella tuvo su propio almacén de sabiduría, ¡y debe ser dicho que Jeshua también aprendió bastante de ella!

Claro que mucho de lo que dijo María será desafiante, pero ya había sido desafiante hace tantos siglos en la isla de Chipre. Consideren por un momento lo que María estaba haciendo: ¡estaba enseñando una serie de clases magistrales sobre la naturaleza de la realidad!

Comentario de Stuart: Ahora más que en cualquier otro momento de la historia, necesitamos esta información porque necesitamos saber lo que es verdadero y cuál es la fuente de nuestras ilusiones. En un momento de transición, los seres humanos necesitamos dejar ir la historia, el drama, la ilusión, y dar un paso hacia la realidad. Si María pudo ayudarnos a hacer esto, entonces ella nos dio un regalo que no tiene precio.

La sesión con Alariel continúa.

Alariel: Ahora han pasado 2000 años y su planeta ha alcanzado el fin de un ciclo planetario, y en este punto se produce una reunión y concentración de las energías del tiempo. Cuando un planeta entra en transición, las energías espirituales más intensas generadas en ese planeta «en cualquier momento de la historia» vuelven y se enfocan nuevamente para repetir ese logro. Pueden pensar en esto como una celebración de los picos de logros humanos del pasado, pero esto también tiene un propósito práctico: asiste a la humanidad para que acceda a los niveles espirituales más altos de los que es capaz, niveles que son invaluables cuando se entra a un proceso global de transformación y ascensión.

En el caso del planeta Tierra, las energías de Jeshua y María Magdalena están regresando ahora en toda su intensidad original, que es la razón por la que es mucho más fácil que las almas que experimentaron estas energías hace 2000 años, accedan a ellas nuevamente.

Es por eso por lo que las enseñanzas de María Magdalena están siendo regresadas ahora a ustedes: las enseñanzas de

La Versión de Magdalena

Jeshua pudieron haber sido malinterpretadas, pero nunca se perdieron. Sin embargo, la Tierra no ha escuchado la verdadera voz de María Magdalena por 2000 años, y es tiempo de que esa voz y la sabiduría que lleva, salgan al mundo.

27

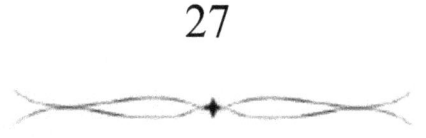

La filosofía de María Magdalena

Fue solo en su enseñanza en Languedoc, Avalon (ver el capítulo 16 de El poder de Magdalena) y en Chipre, que María Magdalena realmente se presenta como maestra espiritual. Cuando lo hace, se revela a sí misma no solo como una mera pupila de Jeshua, brillante e inteligente, sino como una pensadora poderosa y original por derecho propio: una de las más grandes filósofas de su tiempo.

Podría parecer extraño utilizar la palabra «filósofa» en conexión con María Magdalena, pero es la única palabra que puede describir correctamente su logro al establecer las bases intelectuales del movimiento gnóstico. Si uno acepta esta asesoría de María Magdalena, toda la injusticia de su trato a manos de los primeros padres de la iglesia, se vuelve clara.

Aquí, Alariel comenta esa situación.

Alariel: La verdad es que los primeros padres de la iglesia eran bastante incapaces de soportar la idea de María Magdalena como filósofa y líder en la vida intelectual del mundo occidental. Así que destrozaron sus palabras en los evangelios gnósticos y destruyeron su reputación como mujer. Y poco tiempo después, los líderes de esa misma iglesia destruyeron la única cultura construida sobre las ideas de María, los cátaros.

Ha sido un acto de vandalismo a lo largo de la historia el desechar todo lo que no se puede entender. Sin embargo, los vándalos eclesiásticos no sabían que, en el siglo presente, la iglesia que tanto amaban entraría en un estado de tumulto, mientras que la estrella de María Magdalena brillaría incluso más fuerte en la consciencia occidental. Ellos pelearon

La Versión de Magdalena

durante mucho tiempo en una campaña sucia y amarga en contra de María Magdalena y, sin embargo, aquí está ella elevándose serenamente por sobre ellos, serenamente porque ella «no peleó para nada», ella simplemente observó, conoció, enseñó y amó, y en su comprensión del Todo, ella triunfó.

Su triunfo reivindica la tradición de la escuela de Misterios de oriente y la hermandad de Isis, en las que ella brilla como estrella. Esa tradición incluye las enseñanzas del gran sabio que fue conocido como ambos, Hermes y Thoth, que trajo la no dualidad a occidente, bajo el nombre del principio de polaridad. Cuando lean los sumarios de Magdalena que proporcionó María en la isla de Chipre, verán cuánto mantuvo la fe en esa tradición hermética, y comenzarán a ver a María Magdalena, por vez primera, como la maestra más maravillosa y valiente, alguien que no temía hablar con la Verdad, sin importar el costo. Pero también verán su gran corazón, su profunda compasión por todas las formas de vida, y el amor que incluye a todos con quien ella se encontraba.

El minucioso entrenamiento de María como Suma Sacerdotisa de Isis, le dio una sensación de desapego de su educación temprana dentro de la tradición esenia. Una vez que alcanzó el máximo logro dentro del sistema de Isis, fue capaz de hablar, no desde un contexto tradicional, sino desde un conocimiento de la sabiduría sin edad. Ese conocimiento permitió a María atravesar la compleja jungla de la teología gnóstica y presentar una perspectiva muy diferente que ofrecía un camino claro y práctico hacia la Luz.

Fue el genio de María Magdalena quien puso las cosas de manera simple, directa y, sin embargo, profunda.

La sabiduría secreta de María Magdalena es universal por naturaleza, un nivel profundo de sabiduría que pudo compartir en esa época solo con los más avanzados buscadores de la Verdad. Une la sabiduría de oriente y occidente en una síntesis que representa la totalidad de la Tierra y no solo parte de ella. María fue capaz de trascender las tradiciones que la habían nutrido y ascender en una comprensión universal del Todo.

La Versión de Magdalena

Esta comprensión no solo abarca el espacio para unir a los seres iluminados de todas las galaxias, sino que también abarca el tiempo para que todos los iluminados compartan el mismo profundo conocimiento y experiencia de la Unicidad.

> Como maestra de la Unicidad,
> María Magdalena sobresale
> como una joya del logro humano,
> una gran alma y gran filósofa.
> Es tiempo de que todo el mundo
> reconozca esa grandeza.

Comentario de Stuart: En nuestro primer libro, Los esenios: Hijos de la Luz, reviví mi vida como el esenio mayor, Daniel benEzra. Aquí está la evaluación final de Daniel sobre María Magdalena.

Daniel: María fue una de las personas más despiertas que he conocido. Brindó esa sensación de alerta enfocada y consciencia presente ante todo lo que ella hacía. En comparación con ella, la mayoría de las personas con las que me encontré iban como sonámbulos por sus vidas.

28

Síntesis: La Magdalena

Hace dos mil años vi a mi maestro
irguiéndose supremo,
y lo vi caminando de la mano con
La Magdalena.

Dos mil años han pasado desde entonces
y se esfumaron
como un sueño.
Ha llegado el momento de honrarla,
a la Magdalena.

Las mentiras no podrán apagar nunca su estrella
ni hacerla menos apacible.
Ella es la más brillante y la mejor,
la Magdalena.

Parte cinco

Oriente y occidente

*Cuando no hay dualidad,
todas las cosas son una misma
y nada se puede separar.
Los iluminados
de todos los tiempos y lugares
han entrado a esta verdad.*

Canto al corazón de la confianza, por Sosan

29

La unión de oriente y occidente

Alariel: Las enseñanzas de María Magdalena fueron la culminación de todo el arco de desarrollo esenio y gnóstico: ella fue capaz de extender el impulso esenio original hacia el florecimiento de las ideas gnósticas.

María Magdalena y el apóstol Juan fueron los únicos dos pensadores originales que emergieron del grupo alrededor de Jeshua, y el poder de María de comprensión del Todo, inspiró a muchos que la escucharon hablar.

María ha sido vista por tanto tiempo como un personaje menor en el drama centrado en Jeshua, que ha sido difícil medir la escala de sus logros. Pero ahora ha llegado el tiempo de medir ese logro en un escenario mundial y pesar lo que ella logró.

La comprensión profunda de María Magdalena acerca de la naturaleza de la realidad, la pone en pie de igualdad con Sosan, el autor del texto clásico zen, Canto al corazón de la confianza.

Muchos otros filósofos, especialmente en el budismo, hinduismo y taoísmo, han expresado su no dualidad en cierto punto, pero solo estos dos grandes pensadores lograron producir una visión general concisa acerca de la no dualidad y la naturaleza de la realidad. Unieron oriente con occidente en un único logro y deberían ser honrados por igual. Significativamente, sus contribuciones están marcadas por una rectitud y brevedad, que los hace especialmente accesibles a la mente moderna.

La Versión de Magdalena

Piensen en una gran pirámide: en la base, todas las tradiciones parecen estar muy separadas. Pero a medida que escalas la pirámide hacia la iluminación, en el punto más alto, las percepciones cambian y las tradiciones comienzan a unirse. Esto es lo que está sucediendo ahora. A medida que te mueves a través de la combinación de las transiciones personal y planetarias, oriente y occidente se unirán cada vez más en grandes niveles de respeto y comprensión. Es por eso por lo que es apropiado en este momento cambiar el enfoque en este libro y honrar a la gran pionera espiritual de oriente.

Ahora que han visto
toda la extensión de las enseñanzas de María,
están bien preparados
para lo que seguirá.
Abran su mente a eso
y busquen muchos paralelismos
con la sabiduría de María Magdalena.

30

El Camino de la Unicidad

Nota de Stuart: El autor de este texto zen clásico fue Kanchi Sosan, siendo dada indistintamente la forma de su nombre original Chino, Chien-chih Seng Ts'an o Jianzhi Sengcan. Él fue el tercer patriarca zen: el año y lugar de su nacimiento son inciertos, pero se sabe que murió en el año 606 EC. Se conoce poco sobre Sosan, pero parece que vivió toda su vida en China.

El título de su poema, el Xin Xin (o Hsin Hsin) Ming, no tiene un acuerdo en su traducción universal. Un artículo del profesor Pajin enlista dieciocho opciones con un número de permutaciones de fe/creencia y corazón/mente. En este capítulo he proporcionado una versión corta del texto, cubriendo cerca de una tercera parte del original. Al preparar esta nueva versión, intenté presentar estas ideas de forma que tengan una verdadera resonancia para el lector moderno de occidente. También puse espacios entre las secciones para separar el texto y hacerlo más legible.

> No hay nada difícil en
> el Camino de la Unicidad
> cuando el seleccionar y elegir es puesto a un lado
> y todo es aceptado.
> Una vez que dejas de anhelar y aborrecer,
> todo se vuelve claro,
> pero haz incluso la preferencia más pequeña
> y todo tu mundo se divide.
>
> Si deseas ver la Verdad,
> vive con una mente abierta
> y no estés en contra ni a favor de nada.

La Versión de Magdalena

Oscilar entre los extremos del gustar y disgustar
es una enfermedad de la mente…

No te enredes en el mundo exterior ni te pierdas
en el vacío interno,
permanece sereno en la Unicidad de las cosas
y la dualidad se desvanecerá por sí misma…

Hablar y pensar
te alejan de la armonía del Camino:
para de hablar y pensar,
y podrás experimentar la realidad…

Los cambios que parecen suceder
en el mundo exterior de la forma
son como sombras de un sueño.
Parecen ser reales por nuestra ignorancia.
No vayas en busca de la verdad,
¡solo desecha tus opiniones!

Evita cualquier aspecto de la dualidad,
¡es una ilusión intentando engañarte nuevamente!
Todas las dualidades provienen del Uno,
¡pero tampoco te aferres al Uno!
Si lo haces, entonces estarán el Uno más tú,
aferrándote al Uno.

Cuando el corazón está en paz con el Camino,
nada en el mundo ofende,
no hay culpa, no hay cosa, no hay mente.

En el vacío, la mente está en silencio,
y el corazón está unificado y completo.
Todos los componentes del universo
han retornado a sus orígenes,
y los muchos son nuevamente Uno…

La Versión de Magdalena

El aferrarse es perder el equilibrio:
abre las manos, la mente, el corazón,
¡y deja ir todo!
Permite que todo sea como es:
fluyendo con el Camino,
deambulas,
libre de ser tú mismo...

No te aferres a nada y acepta todo,
ese es el camino hacia la Luz...

Despierto no hay extremos
y no hay opuestos, solo una
continuidad de la Unicidad.
Todos los pares de opuestos son sueños ilusorios,
¿por qué intentar aferrarse a ellos?
Ganancia y pérdida, mejor y peor, mayor y menor,
¡deséchalos todos!

Cuando despertamos, vemos la realidad,
no los sueños.
Si el corazón no juzga ni elige,
entonces todas las cosas son como son,
son Uno...

Cuando ves la realidad
como un místico Todo,
la gran esencia de ser
se derrama en ti,
y tú regresas a tu verdadera naturaleza.
Aquí no hay nada que recordar
y no hay nada que hacer.
Todo está vacío, claro, lleno de Luz.

En el reino de la realidad,
no hay uno mismo ni el otro:
la consciencia simplemente lo es.

La Versión de Magdalena

Para estar en armonía con la realidad,
solo di «no hay dos».
Cuando no hay dualidad,
todas las cosas son una
y nada puede estar separado:
los iluminados de todos los tiempos y lugares
han entrado en esta verdad...

Una vida en todos los seres,
todos los seres dentro de una red
de consciencia y vida.
Si entiendes esto, ya estás en casa,
y no hay necesidad de preocuparse
por ser perfecto.

Cuando la dualidad se desvanece,
entras en tu verdadera libertad.
Aquí las palabras fallan,
ya que es un estado más allá del lenguaje:
en la realidad no hay pasado, presente
ni futuro, solo el eterno ahora.

Nota: Los detalles de las once traducciones al inglés del Xin Xin Ming, son proporcionadas al final de la sección de Lecturas recomendadas, y el texto completo de esta nueva versión se puede encontrar en el epílogo.

La Versión de Magdalena

Parte seis

Lo viejo y lo nuevo

Es una paradoja que María Magdalena,
basándose en dos tradiciones antiguas,
haya sido capaz de desarrollar
una presentación que ahora parece
fresca, nueva y relevante para su época.

Alariel

La Versión de Magdalena

31

El surgimiento del zen gnóstico

Alariel: No hay unión clara históricamente entre los gnósticos (que no sobrevivieron más allá del tercer siglo de la era común), y el primer pionero zen, Bodhidharma, quien vivió en el siglo cinco EC. Sin embargo, el tiempo lineal nos brinda solo un nivel de comprensión, y hay perspectivas más profundas que cuentan una historia diferente.

Muchas de las almas que encontraron la no dualidad con grupos gnósticos avanzados en los primeros años del cristianismo, siguieron explorando ese tema a gran profundidad durante vidas en Ch'an y monasterios zen. Una vez que un alma tiene un tema firmemente en su interior, puede ser tenaz al seguir este tema en vidas subsecuentes. Es por eso que el movimiento gnóstico y zen tienen tan profunda conexión, una conexión vuelta aún más conmovedora por el hecho de que los gnósticos no fueron capaces de alcanzar el arco completo de su desarrollo natural.

Ahora que han sido capaces de leer los sumarios de María Magdalena, pueden ver que el movimiento gnóstico se desarrolló hacia una dirección que, si hubiera podido continuar, hubiera establecido una contraparte occidental del zen. A pesar de ser muy diferentes en historia y métodos, estas dos tradiciones estaban trabajando esencialmente hacia las mismas metas. Incluso su símbolo principal, la Luz, es idéntico para gnósticos y budistas mahayana. Con esto en mente, es bastante lógico nombrar esta área de terreno común, el zen gnóstico.

Durante la mayor parte de los últimos 2000 años, mientras su cultura estaba retorciéndose en la dualidad, las palabras de

Sosan pudieron parecer bastante sin sentido en occidente. Es solo ahora, a medida que se aproximan a la transición planetaria, que sus palabras adquieren un nuevo significado. A medida que su obsesión con la dualidad se difumina, sus consciencias comienzan a abrirse hacia otras formas de explorar lo que María Magdalena llamó «el Todo». Es por eso por lo que muchos puntos de resonancia pueden verse ahora entre esas dos tradiciones. Exploren los sumarios de Magdalena otorgados por María en la isla de Chipre, y compárenlos con el esquema notablemente conciso y comprensivo de Sosan sobre la naturaleza de la realidad. Creo que encontrarán muchos paralelismos. Pero, tal como Sosan dijo,

> Los iluminados
> de todos los tiempos y lugares
> han entrado a esta verdad.

Comentario de Stuart: Muchos escritores han notado paralelismos entre el budismo y el cristianismo, comenzando con Max Muller, continuando con Thomas Merton e incluida la autora moderna Elaine Pagels.

La conexión entre la gnósis y el budismo está menos estudiada, pero uno podría citar con certeza el distinguido ensayo «Budismo y gnosis» en Más estudios budistas, por Edward Conze.

También hay algunos paralelismos en los términos utilizados en estas tradiciones:

Término gnóstico
Proceso
La realidad del Todo
El Camino
No dualidad
Consciencia iluminada

Término zen
Práctica
Realidad, la Verdad
El gran Camino
No dualidad
Iluminación

Esta resonancia provee una clara indicación de la existencia del zen gnóstico, algo que quizá incluso podríamos llamar gno-zen. En el punto más alto de ambos sistemas, gnóstico y zen, los conceptos comienzan a juntarse y fusionarse hacia un solo nivel trascendental de comprensión.

32

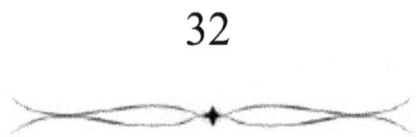

La verdadera voz de María Magdalena

Comentario de Stuart: Cuando se completó la revisión principal del manuscrito de este libro, Alariel cerró su canal a través de mi, con las palabras «Misión cumplida». Él regresó solo una vez más en noviembre del 2011 para añadir unos comentarios finales ubicando a La versión de Magdalena dentro de un contexto más grande.

Esta comunicación final fue una respuesta a un manuscrito llamado La llamada de María Magdalena: Mensajes universales de sabiduría y compasión, que nos fue enviado por su autora, Mercedes Kirkel. Desde el principio me fue claro que este manuscrito contenía información sobre María Magdalena que corría en paralelo con nuestras propias investigaciones, y los mensajes de María en este libro abrían una versión detallada del lado práctico de sus enseñanzas. Yo reconocí enseguida la energía sabia y amorosa en estos mensajes. Era la misma energía que había encontrado cuando canalicé las palabras de María para La versión de Magdalena. (Ver la sección de Lecturas recomendadas bajo Kirkel, Mercedes).

Alariel: Por favor no se imaginen que La versión de Magdalena saldrá al mundo solo y sin apoyo. Ya que es tiempo de que la verdadera voz de María Magdalena sea escuchada, varios canales están siendo ahora inspirados por la energía de María a lo largo del mundo. Esa energía nos traerá la transmisión total de sus enseñanzas, y esto ayudará a sanar la consciencia occidental a través de la restauración del equilibrio y el enfoque en la Sagrada Feminidad.

Hebras de sabiduría de ambas tradiciones, esenia y de Isis, se juntaron en una única síntesis a través del genio de María Magdalena, y su trabajo al comunicar el Camino tiene un significado profundo para el mundo moderno. Es una paradoja que María Magdalena, basándose en dos tradiciones antiguas, haya sido capaz de desarrollar una presentación que ahora parece fresca, nueva y relevante para su época.

Jesús y María se enfocaron en la simplicidad de sus enseñanzas, pero lo lograron de maneras diferentes. Jeshua tomó el elemento de la historia en la tradición judía y le dio nueva vida a través de parábolas. María utilizó un método distinto: un discurso poderoso, directo y simple, que se convirtió esencialmente en el vehículo para la energía enfocada a través del corazón. Otros maestros hablaron de cabeza a cabeza. María habló de corazón a corazón. Aunque notable y refrescante hoy en día, esto llegó con toda la fuerza de una revolución a la audiencia de María; una audiencia acostumbrada a luchar con el denso simbolismo y el complejo lenguaje del mundo antiguo.

Cuando escuchas las palabras de María, palabras que se perdieron en la consciencia occidental por 2000 años, comienzas a comprender su verdadera grandiosidad como maestra y mentora. Aquí vemos una gran mente destilando todas las complejidades de su época en declaraciones simples y atemporales de la verdad.

La Versión de Magdalena

Parte siete

Transición y más allá

*Desde su punto de vista, es a la vez un continuo
arco de cambio y una oportunidad.
Ahora hay una ruta rápida hacia la Luz,
una ruta que te permite pasar por el cambio de
maneras más ligeras y fáciles.*

Alariel en el capítulo 24 de *Beyond Limitations:
The Power of Conscious Co-Creation*

La Versión de Magdalena

33

El karma en una época de transición

A medida que nos movemos hacia la transición planetaria, hay mucha confusión acerca de lo que le pasará a nuestro karma. ¿Cómo será posible limpiar todo nuestro karma y qué pasará con todo el karma no resuelto? Le pedimos a Alariel que comentara sobre este tema, y esta fue su respuesta.

Alariel: Están en proceso de pasar a través de su transición planetaria cuando la Tierra se elevará hacia una nueva frecuencia, y hay un desarrollo paralelo dentro de su experiencia como seres humanos. Están dejando atrás la experiencia pesada de la tercera dimensión (o 3D) y entrando en el mundo mucho más ligero de la quinta dimensión (o 5D). Se ha escrito mucho acerca del karma que han acumulado durante todas sus vidas previas sobre este planeta, así que surge la cuestión, ¿qué le sucederá a todo este karma? La respuesta es doble.

La resolución de las energías kármicas depende mayormente de la existencia del tiempo lineal 3D. Cuando el planeta entre en la transición y se mueva hacia la nueva realidad dimensional, la 3D se desvanecerá. Sin embargo, los preparativos para esto se hicieron mucho antes de llegar a ese punto. Durante el periodo previo que precede a este periodo de transición, los seres humanos se han vuelto progresivamente más sensitivos e introspectivos, y muchas nuevas terapias han emergido para ayudarlos a tratar con energías no resueltas de vidas pasadas.

Mientras que generaciones previas se enfocaron solo en vivir durante esa vida, en esta generación están comenzando a engrandecerse sus vidas pasadas y todas las energías que traen con ellas. Este proceso es auxiliado por la proliferación de ayudas físicas. ¡Cuando surgen energías de vidas pasadas en forma de enfermedad, los seres humanos se están enfocando mucho en lidiar con el problema!

Ahora se podría decir que sería más sabio resolver los problemas de vidas pasadas a medida que progresaban a través de toda la secuencia de vidas, pero es un factor triste que la mayoría de los seres humanos no haya vivido de esa forma. Simplemente han se han limitado a expresarse en una forma dominada por el ego y difícilmente le han otorgado un segundo pensamiento a cualquier vida previa que pudieran haber tenido. Bueno, pues eso está cambiando ahora. Sus vidas pasadas, y las energías que traen consigo, ya no están susurrándoles, ¡están comenzando a gritarles! Y este proceso de gritos los está alentando para lidiar con estas energías de manera mucho más consciente y efectiva de lo que era anteriormente.

Sin embargo, sin importar cuán efectivo seas, usualmente hay demasiado karma con el que se tiene que lidiar, y es bastante seguro que, durante la transición, parte de estas energías kármicas permanezcan sin resolver. Es aquí en donde entra en foco el segundo aspecto. En el punto de transición, siempre que estés pasando por un proceso de despertar y elevación de tu vibración, tu karma remanente es eximido a través de la operación de la gracia divina.

Si piensan en ello, verán que esto debe hacerse si se quiere que haya algún tipo de justicia. El tiempo lineal que necesitan para resolver el karma está desapareciendo, así que pronto nadie tendrá el tiempo para trabajar esas energías de forma tradicional a través de experiencias en vidas dirigidas a nivel de la 3D. No habrá tiempo lineal extendido para vidas tridimensionales dominadas por el ego, vidas que ciertamente acumulan mucho karma pero que también fueron una plataforma efectiva para pagar ese karma.

Cuando la situación excepcional surge de que un planeta pase por una transición, deben hacerse otros arreglos para asegurar que aquellos capaces de pasar a la experiencia del ser en un nivel más alto, sean capaces de hacerlo. Sería sencillamente injusto el detener a aquellas almas que son capaces del cambio y la transformación, solo porque tienen algún karma sin resolver; esta es la razón por la cual la intervención de la gracia es esencial en ese momento. Claro está, esta es una situación excepcional: un planeta solo pasa una vez por la transición, y ustedes tienen la buena suerte de estar viviendo en esta época trascendental.

También hay otra consideración aquí. Siempre ha sido posible el lidiar con el karma de dos formas: pagarlo trabajándolo de forma tradicional o transmutándolo. La clave para transmutar el karma es investigar la energía original, comprender la causa, aprender la lección, liberar la energía y seguir adelante. Este proceso de transmutación del karma se puede hacer en cualquier punto ya sea que estés trabajando dentro del tiempo lineal o no.

Y otra pregunta surge también aquí: ¿no estarás adquiriendo más karma a medida que vives tus nuevas vidas más allá del punto de transición? Sí, pero solo por poco tiempo. A los seres humanos les tomará algún tiempo moverse desde el crear su realidad a nivel personal, con el ego dominando sus vidas, hacia el siguiente nivel de creación de la realidad, que se enfoca en el alma. Cuando el alma crea una realidad, lo hace por el mayor bien de todos los seres en mente: esto es creación libre de karma, y es hacia donde se están moviendo ahora. Sí, tomará un poco de tiempo el acostumbrarse a esto, pero después de la transición, este nuevo proceso, llamado cocreación, se volverá más y más el modelo de la experiencia humana.

Todo el punto de moverse más allá del karma es pasar a vivir de forma mucho más ligera, sencilla y dichosa. Y eso formará las bases de la exploración de la vida más allá de la transición. Así que no piensen en la transición como el fin de todas las cosas. Sí, el ciclo planetario finaliza, pero la vida continúa, y esto es solo el comienzo del vivir de forma mucho más expandida e iluminada.

La vida más allá de la transición les brindará la oportunidad de deshacerse de su pequeñez y reconectar por completo con los grandes seres de Luz que realmente son. Así que sigan adelante con coraje en estos tiempos de cambio. Después de todo, ¡no tienen nada que perder más que limitaciones!

Comentario de Stuart: En nuestro tercer libro, Beyond Limitations: The Power of Conscious Co-Creation, Alariel explora los tres niveles principales sobre los que creamos nuestra realidad: La creación de la realidad personal, la cocreación (a nivel del alma), y creación instantánea (creación a nivel del Espíritu). Solo el primer nivel, la creación a nivel de la personalidad, está gobernada bajo la Ley del karma.

34

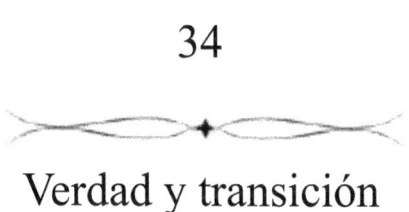

Verdad y transición

Alariel: El moverse a través de su transición personal, los enfocará como nunca en la verdad esencial: las medias verdades y las farsas que pudieron haberles satisfecho en el pasado, ahora parecerán fuertes traiciones, y la búsqueda de la Verdad y lo real se intensificará en su vida.

La Verdad es de hecho bastante simple: «¡solo hay uno de nosotros ahí fuera!» Toda la multitud de formas son como muchas prendas que pudieras probarte del gran ropero del universo, pero el confundir cualquiera de esas prendas, sin importar lo espléndidas que sean, con la esencia divina del Espíritu único, parece bastante tonto. Sin embargo, tal es el poder de la ilusión, que los seres humanos confunden la forma exterior con la esencia interna todo el tiempo.

Esto es lo que realmente significa la transición: el viaje hacia fuera de la ilusión y hacia la realidad, fuera del drama hacia la paz, fuera de la historia hacia el Todo. Claro, pueden quedarse en la ilusión si así lo desean, pero eso significa que continuarán siendo un niño espiritual. Los seres humanos han vivido durante muchos siglos como niños espirituales, y han soñado y dormido a través de grandes expansiones de tiempo limitante y desempoderante.

Pero ahora la Tierra está enviándole a la humanidad una llamada de despertar. Es tiempo de dejar ir la ilusión y ver las cosas como son en realidad. Entonces comenzarán a funcionar como un adulto espiritual y serán capaces de tomar su poder de vuelta, porque, en realidad, su poder nunca les fue robado, en cambio, ustedes lo regalaron. El regalar su poder fue parte del paquete de ser un niño espiritual. La responsabilidad de tomar decisiones por ustedes mismos pareció una carga tan pesada, que dejaron que una familia, una iglesia, un régimen, una compañía, un sindicato o un estado, lo hiciera por ustedes.

    Ahora es tiempo de que el velo del olvido comience a disolverse, para que puedan ver lo que realmente son, un adulto espiritual que es también un ser de Luz metadotado y multidimensional. Cuando puedan vislumbrar eso, incluso por poco tiempo, podrán comenzar a erguirse en la Luz de su propia consciencia. Y comparado a eso, el seguir siendo un niño espiritual no parece más una buena decisión, así que estarán listos para dejarlo ir y seguir adelante.

> Hacia donde se están moviendo
> no es nada más que la Verdad ascendida,
> consciencia inquebrantable,
> y dicha eterna.
> Todas ellas son recompensas
> de una humanidad que despierta.
> Todas ellas son sus derechos de nacimiento
> y su destino.
> Y la ruta hacia esas metas
> está dentro de ustedes
> como siempre lo ha estado.
> ¡Nunca han estado mas que a un latido
> de la felicidad, la Luz
> y todo el Amor
> del universo!

Han recorrido el mundo entero en busca de la Luz, y ahora han descubierto que estaba ahí todo el tiempo, profundamente dentro de ustedes como una semilla esperando el momento adecuado para brotar y convertirse en flor.

    ¡Es ahora, este es el lugar, este es el momento para despertar y darse cuenta de que la Luz fuera y dentro de ustedes son la misma Luz!

    Este es el momento para enfocarse en la Verdad que los puede liberar: la verdad acerca de su propia naturaleza verdadera como Hijos de la Luz y la verdad acerca del universo, acerca de la realidad en la que viven y se mueven. Y cuando se den cuenta de que su propio ser interior y el universo no son dos cosas separadas, sino una misma, todo en su vida cambiará.

> Este es su momento de transición,
> su momento del destino.
> ¡Tengan valor y permitan que el Espíritu interior
> los guíe a través del proceso de transformación
> que los elevará en vibración
> y cambiará su vida para siempre!

35

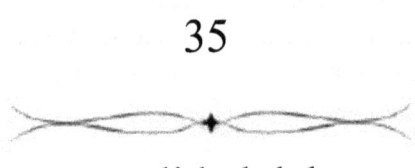

La totalidad del ser

Alariel: A medida que transforman su ser y su consciencia, vivirán progresivamente a través del espectro completo de la experiencia humana. En lugar de concentrarse en un solo nivel, como han estado haciendo, enfocándose intensamente en la actividad mental, durante los últimos siglos, valorarán la totalidad de los cuatro niveles principales y vivirán de una manera equilibrada que los honre a todos ellos. Al equilibrar los niveles físico, emocional, mental y espiritual, a los que hemos llamado el continuo FEME, podrán disfrutar del rango total de la experiencia humana y evitarán la incomodidad, disarmonía y mal-estar que proviene de cualquier tipo de desequilibrio.

En cierta forma se podría decir que, aparte de un breve periodo en la dorada Atlántida, no han experimentado en realidad lo que es ser un humano completo, dichoso y radiante. Sí, han vivido en muchos cuerpos humanos, pero se han tambaleado día a día, sobrecargados de trabajo, desnutridos y enfermos con toda una serie de adicciones, limitaciones kármicas y enfermedades. Puede que hayan aceptado esto como la norma para la humanidad, pero para nosotros es una parodia de lo que la vida humana debería ser y pudiera ser.

Comentario de Stuart: Exploramos la dorada Atlántida en nuestro libro, Atlántida y la nueva consciencia.

La sesión con Alariel continúa.

La Versión de Magdalena

Alariel: Para nosotros, el ideal de una vida humana es aquella en donde el miedo y el deseo no existen, y cada día te levantas cantando por el simple placer de estar vivo. En nuestro ideal, la raza humana disfruta de un estado permanente de paz, nunca cae en guerras y no tiene industrias de seguridad de ningún tipo. Nadie se involucra en actividades delictivas porque todos disfrutan de una alta autoestima y se sienten valorados y amados. El individuo vive en armonía con su sociedad y toda la humanidad resuena con los ideales de la Luz y el Amor. El estado del ser fluye en una relación diferente con el reino animal, que ya no refleja el miedo humano, la violencia ni el enojo: una humanidad gentil vegetariana ahora vive en paz con un reino animal gentil y vegetariano.

La unión entre la consciencia humana y la consciencia de la Tierra ahora trabaja para beneficiar a ambos, porque la humanidad ya no contamina ni saquea a la Madre Tierra, sino que la respeta y honra. No hay eventos climáticos violentos, ni actividad volcánica, sin inundaciones ni maremotos. Una humanidad pacifista y amorosa vive en armonía con una Tierra pacifista y amorosa.

Suena bastante diferente a la experiencia de una persona común hoy en día, ¿no es así? No estamos diciendo que este ideal será alcanzado cinco minutos después de que la Tierra pase por la transición; este es el ideal de la humanidad a largo plazo, pero es un ideal alcanzable. ¿Entonces por qué han fallado en acercarse siquiera a este ideal en el pasado?

Bien, durante los últimos 2000 años se conformaron con un desarrollo desequilibrado que niega el valor espiritual del nivel físico. Los esenios eran mucho más sabios que eso: balancearon el trabajo físico en los campos y jardines por las mañanas, con el estudio y la contemplación por las tardes. Y honraron a la Madre Tierra tanto como al Padre Cielo.

Pero eso, claro está, lleva al corazón del problema: La Madre Tierra parecía tan cercana a las ideas paganas, según los primeros padres de la iglesia. En su desesperación por evitar cualquier tipo de contaminación pagana en su fe, los

La Versión de Magdalena

líderes de la iglesia separaron la experiencia humana en lo mental y lo espiritual (visto como potencialmente bueno), y lo físico (visto como potencialmente malo). Esto tuvo el efecto de distorsionar toda su forma de vida, y esa distorsión arrojó una serie de problemas dentro de la cultura occidental.

Los últimos 2000 años han proporcionado el objeto de una lección acerca de lo que sucede cuando los seres humanos ignoran la totalidad del ser e intentan vivir de forma artificial, restrictiva, no natural, una forma que ignora la necesidad del humano de funcionar en un estado de equilibrio. La historia humana abunda con ejemplos que subrayan el punto central: el equilibrio promueve el crecimiento y el desarrollo integral, mientras que el desequilibrio siempre conduce a algún tipo de problema en el futuro. El equilibrio también significa evitar el tipo de seriedad sombría y que niega la vida, que ha caracterizado a muchos grupos cristianos. Puede que se hayan tomado en serio la búsqueda de su fe, pero con demasiada frecuencia perdieron de vista la alegría.

Puede ser que hayan malentendido este equilibrio en varias ocasiones de su pasado, pero pronto, como humanos post-transición, tendrán una oportunidad única de comprenderlo correctamente. Serán capaces de dejar atrás su pasado con cicatrices de batalla y crear un nuevo comienzo. Parte del proceso del despertar es observar todo de forma diferente. Así, ya no percibirán el tiempo como algo rígido ni lineal, ni el karma como algo fijo e inmutable y, sobre todo, comenzarán a ver cada experiencia como una oportunidad para aprender y crecer.

Al trabajar con el alma a través de las canalizaciones, sistemas de oráculos y procesos de vidas pasadas, pueden expandir su habilidad para responder a señales sutiles, intuitivas y multidimensionales, y estas señales harán retroceder constantemente las fronteras y limitaciones que han estado restringiendo su consciencia. Este proceso es alegre, empoderante, incluso a veces estimulante, y cuanto más se acerquen a la expansión de su conciencia, más fácil y natural parecerá esto.

Cuando se expanda su consciencia, su sistema de creencias evolucionará para mantener el ritmo. Mientras que en el pasado pensaban en términos de divisiones rígidas y estructuras fijas, ahora todo comenzará a fluir en conjunto, en una continuación del ser. Tomen como ejemplo el trabajo de vidas pasadas. A medida que pasen la transición, en la que su planeta se mueva fuera del tiempo lineal hacia una nueva forma de tiempo, que podríamos llamar el Tiempo unificado, comenzarán a enfocarse mucho más en el eterno ahora, y mucho menos en la idea del pasado, presente y futuro. Y, gradualmente, llegarán a ver sus vidas no como vidas pasadas, sino simplemente como vidas, frecuencias de energía y ser, que pueden estar enraizadas en el tiempo lineal, pero aún fluyen para modificar y enriquecer otras experiencias. Todo el punto de tener estas experiencias es aprender de ellas y mover su consciencia hacia adelante a nuevas posibilidades.

El proceso de abrir y expandir su consciencia les permite ver la totalidad del regalo que la vida trae para ustedes. Cada vida es una oportunidad potencial para comprender la vastedad, la variedad, la calidad de su consciencia. Cada vida que han experimentado es parte de su propio tapiz individual y único, el patrón de la expresión que ustedes y solo ustedes, pudieron haber elegido. En ocasiones, el patrón es enormemente complejo con muchas variaciones y callejones sin salida o incursiones hacia el lado más oscuro de la experiencia humana.

Sin embargo, por muchas veces que exploren la oscuridad, el impulso interior hacia la Luz, hacia la alegría, el amor y las aspiraciones del alma, les traerá de vuelta al buen camino dentro de su arco elegido de desarrollo espiritual. Han tejido este tapiz de vidas de una manera altamente inconsciente durante muchos eones, pero ahora por fin están alcanzando el único ideal que tiene sentido: convertirse en los seres multidimensionales que realmente son.

Cuando hayan pasado por «esa» experiencia y emerjan como seres completamente ascendidos, de pie en la Luz de su propia consciencia, entonces comprenderán que cada paso del camino, cada limitación y cada sufrimiento, fue un componente esencial en el viaje hacia la consciencia expandida que entonces disfrutarán.

Y cuando se paren victoriosos
en el pico de la ascensión,
entonces verán que no hay desperdicio,
no hay pérdida,
y cada paso de su viaje
fue necesario en el camino hacia la victoria.

Parte ocho

La familia del alma esenia

Cuando la última comunidad esenia desaparezca de la Tierra, nuestro contacto directo con futuras generaciones se desvanecerá con ella. Es por eso por lo que valoramos estos diálogos y se ha brindado tanta información.

Daniel benEzra en
Los esenios: Hijos de la Luz

La Versión de Magdalena

36

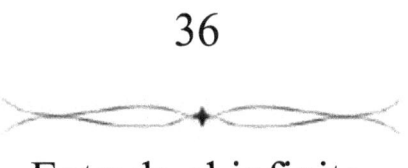

Entrada al infinito

Comentario de Stuart: Cuando comencé a seguir el rastro del trabajo de vidas pasadas con Joanna a principios de los años 90, pensé que solo estaba abriendo una ventana al pasado, una ventana que podría proveer alguna información interesante, pero que no cambiaría nada en mi vida actual. ¡Qué equivocado estaba!

Nuestros encuentros con vidas pasadas nos llevaron a tener contacto con personas de todo el mundo, y a medida que ese momento en Israel se focalizó para nosotros, y sentimos el amor de nuestro Maestro, lo que realmente se abrió fue una entrada al infinito.

Al conectarnos con nuestros yos expandidos de vidas pasadas, comenzamos a vislumbrar a los Seres aún más grandes, ¡que en realidad somos nosotros y todos los demás hijos de la Luz! Y al conectarnos con más y más personas a través de nuestros libros, hemos abierto posibilidades que en aquellos primeros días de los años 90, nunca hubiéramos podido soñar.

La serie de libros que escribí con Joanna no fueron nunca un esfuerzo individual, sino un proceso en equipo. A medida que escribíamos estos libros, nuestra guía interna, y la ayuda que recibimos de Alariel, colocaron gradualmente las narrativas de nuestros sujetos de vidas pasadas en un contexto más grande. Esto, junto con nuestro contacto con la hermandad esenia como un todo, reveló un patrón de información que comenzó de forma sencilla y agregó a la historia una profundidad fresca con cada libro nuevo. Así que en nuestro primer libro, describimos a Jeshua y a María Magdalena como siendo muy cercanos espiritualmente, pero fue solo al producir nuestro segundo libro que aprendimos que estuvieron casados, y también eran pareja espiritual. Con los libros obteniendo continuamente lectores de todas partes del mundo, el equipo creció a medida que nuevos amigos, quienes eran en realidad viejos amigos volviendo, llegaron para agregar su pieza en un rompecabezas cada vez mayor.

Parte del proceso fue la naturaleza de estos libros como portadores de «energía», así como contenedores de información. Así que muchos de nuestros lectores reportan que durante el proceso de la lectura de nuestros libros, el pasado comenzó a trabajar energéticamente con ellos, especialmente el pasado en Israel y el templo de Isis en Alejandría. Esto trajo la apertura de viejos recuerdos, la resolución de temas pendientes y la sanación de heridas del pasado. Nuestras vidas compartidas en Israel y en Egipto fueron un tiempo de semejante drama que dejaron su impresión en muchas de nuestras vidas subsecuentes, hasta llegar al día de hoy.

Tan solo piensen en lo que está involucrado aquí. El grupo del alma que había encarnado alrededor de Jeshua desde la época de la Atlántida, se reunió para dar un gran empujón hacia la Luz. Por un momento parecía como si los hijos de la Luz, dirigidos por un gran Maestro, triunfarían y anunciarían una nueva era de Paz y Luz. Luego llegó la crucifixión, un trauma profundo que ha arrojado una gran sombra hasta el día de hoy.

Pero ahora la energía está cambiando y moviéndose, llevando la narrativa hacia otro nivel. Y lo que estos libros hicieron fue continuar la historia para los miembros de la familia del alma esenia, al iniciar un proceso de sanación. La energía de nuestro Maestro llegó y nos dirigió gentilmente hacia una comprensión más grande de que podríamos dejar ir estas energías ahora, porque solo al hacerlo podríamos seguirlo hacia la Luz de la nueva consciencia. Y, a través de sus ojos, comenzaremos a ver un futuro diferente para esta familia del alma, estos trabajadores de la Luz maravillosos que fueron y son nuestros colegas y amigos. Y, a medida que cada individuo sana, la sanación se esparce y crece, y gradualmente comenzamos a dejar ir nuestra historia y, en cambio, nos enfocamos en la energía de nuestro Maestro y la energía de la Luz que él representa.

Y ahora, a medida que este último libro en la secuencia sale al mundo, el proceso de sanación se está moviendo hacia sus etapas finales. Y lo que está emergiendo es una imagen más clara del grupo como un todo. A medida que miembros de la familia esenia del alma se conectaban con nosotros, nos percatamos de que era más como una familia reuniéndose que extraños viniendo para realizar sesiones de vidas pasadas. Enviamos nuestro amor a todos los miembros de la familia del alma que han compartido y que están compartiendo este viaje con nosotros, ya que como grupo, ahora nos estamos preparando para dar un paso hacia un nuevo futuro y un nuevo comienzo, que el esfuerzo de dos Maestros principales, Jeshua y María Magdalena, han hecho posible.

37

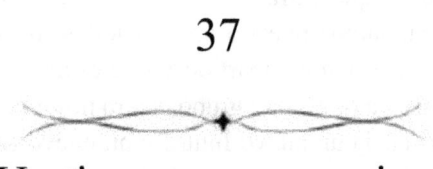

Un tiempo para reunirse

Alariel: La familia del alma esenia, el grupo de espíritus afines que encarnaron con Jeshua en Israel hace 2000 años, está ahora pasando por una etapa de resolución y reconexión. Muchas energías intensas y pesadas y mucho dolor emocional han surgido para ser resueltas y sanadas. Ese proceso de resolución está bastante avanzado, y la familia del alma se está moviendo ahora hacia un proceso de reconexión.

Esta familia del alma esenia, que fueron los gnósticos, franciscanos, cátaros y, más tarde, los trabajadores de la Luz, se dispersaron y esparcieron, pero ahora es tiempo de reconectar mente con mente y corazón con corazón.

Puedes conectarte con espíritus afines por todo el mundo a través del proceso moderno del correo electrónico; y el viejo sentimiento de aislamiento está dando paso a un nuevo sentimiento de unión e intercambio. Ese intercambio se intensifica cuando los grupos se conocen físicamente, ya sea en su propio país o de forma internacional. Es por eso por lo que las reuniones de la familia del alma esenia son tan importantes ahora, y por qué tanta gente se está enfocando en ellas a lo largo del mundo. Los exhortamos a que reconecten en cualquier forma que les parezca apropiado en esta época especial.

Comentario de Stuart: para facilitar este proceso de reconexión, hemos formado una red de coordinadores internacionales que cubren todos los países en los que tenemos lectores, (por favor vean la sección de coordinadores al final de este libro).

La Versión de Magdalena

Alentamos a los lectores a que instalen sus propios grupos y sus propias reuniones. Y apreciaríamos si pudieran avisarle al coordinador de su país en caso de que tengan alguna reunión o si establecen un grupo local en su área. Esto también ayudará a cualquiera que esté viajando, para unirse a los eventos que acontezcan en su país de destino.

38

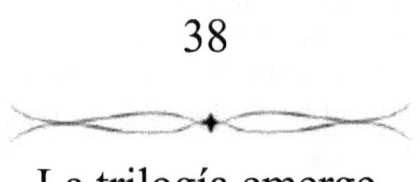

La trilogía emerge

En muchos sentidos, este libro es la conclusión de un viaje que comenzó con nuestro primer libro, Los esenios: Hijos de la Luz, y continuó a través de El poder de Magdalena. Aquí, en el libro presente, reconectamos con las vidas pasadas esenias y luego nos movemos para observar el movimiento gnóstico y a la más grande maestra trabajando dentro de ese movimiento, María Magdalena.

Mirando atrás, podemos ver cuán lejos hemos llegado en este viaje de descubrimientos, un viaje compartido con muchos amigos que han llegado a nosotros en este valle silencioso en el corazón de Devon, para explorar sus vidas pasadas. Aquí en este sitio especial, con conexiones druidas antiguas, hemos abierto la puerta al mundo esenio y gnóstico, que tantos compartimos aquí en esta familia del alma.

Mucha de la historia de estos libros se ha vinculado con el trabajo de vidas pasadas que hemos hecho en este lugar especial, y aquellos que vinieron a hacer este trabajo a menudo lo hacían no solo por sí mismos, sino también para ayudar en el proceso de sanación dentro de la familia esenia en general. Y muchas personas han informado de la sensación de dolor por el sufrimiento y la partida de Jeshua, pero también de la gran alegría de estar vivos cuando este Maestro supremo caminaba por la Tierra para traer guía, inspiración y sanación. Resonar con esta experiencia compartida ha sido parte del proceso de sanación de todos los que han recorrido este viaje con nosotros.

Las revelaciones dentro de este libro de la profundidad y alcance de la sabiduría de María Magdalena, formaron una conclusión que se ajusta a este drama. Nada que hayas leído te ha preparado para el poder de las palabras de María contenidas en los sumarios de Magdalena de este libro. Aquí, al menos, tenemos la oportunidad de escucharla de una manera que no había sido posible durante los últimos 2000 años.

La Versión de Magdalena

En la isle de Chipre, María llegó a ser independiente y encontró su verdadera voz. Cuando lees estos sumarios de Magdalena, ¡es como estar entre la audiencia en esas maravillosas reuniones de solsticio de verano!

Fue uno de los distintivos de los esenios, que ellos pudieron trabajar juntos de forma armoniosa «como equipo». Vemos un eco de ese proceso en todas las contribuciones hechas por lectores para esta serie de libros, quienes plantearon preguntas interesantes, así como por todos aquellos que vinieron para realizar trabajos de vidas pasadas. Esas experiencias de vidas pasadas, como las de Laura Clare y Akhira en El poder de Magdalena, y Yianna, Lyn y Sara en el presente libro, proveyeron verdaderos avances para la comprensión, y esto llevó a aumentar la energía de liberación y empoderamiento sentido por muchos lectores. Fue como si los individuos estuvieran avanzando no solo para sí mismos, sino para toda la familia del alma esenia.

Y así, con el volumen presente, la trilogía esenia ahora se completa:

Los esenios: Hijos de la Luz,
El poder de Magdalena,
La versión de Magdalena.

Esta trilogía nos ha llevado desde las bases de las comunidades esenias, a través de tiempos dramáticos experimentados por los discípulos, especialmente las discípulas femeninas, y hacia el movimiento gnóstico y la sabiduría de María Magdalena. Este libro mueve la historia hacia delante en formas que, al principio del proceso de escritura, no podíamos siquiera comenzar a imaginar. Incluso tan tarde, en agosto del 2011, estábamos luchando por comprender la naturaleza energética poderosa de estos libros. Durante ese mes, tuvimos dos visitas que nos ayudaron a clarificar esto.

Primero, nuestras amigas, Bernadette Boutros y su hermana Rima, nos visitaron desde Australia. Ellas dijeron que veían estos libros como una puerta, una forma de acceder a experiencias de vidas pasadas y conectarse con recuerdos esenios. En el caso de muchos lectores, esto puede dirigir hacia un proceso de activación y un sentido de reconexión con la familia del alma esenia.

Después, en agosto de 2011, nuestra amiga Marina Sturm vino desde Austria. Marina es una maestra y tallerista que tiene una consciencia aguda de la energía involucrada en el camino espiritual y, tal como dijo ella, si está comenzando el proceso en su campo energético, entonces el libro es su herramienta.

Estas amigas nos ayudaron a ver el lado energético de estos libros con gran claridad, y los muchos correos que recibimos de lectores de todo el mundo, nos muestran lo mucho que estos libros pueden abrir una puerta a la época mágica cuando nos sentamos a los pies de Jeshua y María Magdalena.

El tema en común en esta trilogía ha sido el hecho de que los esenios trabajaron como un gran equipo, así que la historia esenia está formada por muchos relatos individuales contribuyendo a la imagen mayor. Esta narrativa corre en paralelo con el relato tradicional y figuran muchos de los mismos personajes, pero brinda una perspectiva muy diferente de los eventos de hace 2000 años. Los esenios, a través de sus contactos con los Kaloo y la orden de Melquisedec, sabían muchas cosas que estaban muy alejadas de la sabiduría de los primeros padres de la iglesia. Esta comprensión profunda de Jeshua, su vida y su trabajo, provee una perspectiva mucho más rica y más profunda acerca de los eventos de aquella época vital. Lo que esto suma es una historia alternativa completamente nueva para sentar junto al relato tradicional. Esa historia alternativa está ganando fuerza a medida que cada individuo da un paso al frente para contar su historia, y este proceso aún no ha terminado, de hecho, solo acaba de comenzar.

39

Gráficas de relaciones

Muchos lectores nos han pedido que produzcamos una gráfica mostrando el árbol genealógico extendido del grupo alrededor de Jeshua, tanto más necesario porque las discípulas femeninas eran un grupo muy unido con muchas conexiones familiares. Hemos preparado varias gráficas para llenar esta necesidad con los apropiados capítulos de los libros en la trilogía de los esenios, siendo éstos indicados por estas abreviaciones:

HDL = *Los esenios: Hijos de la Luz*
PDM = *El poder de Magdalena*
VM = *La versión de Magdalena*

Por ejemplo, una referencia marcando PDM 9, indica el capítulo 9 en el segundo libro de la trilogía esenia, El poder de Magdalena.

Comenzaremos con una gráfica que ilustra los vínculos directos de la relación con Daniel, mi personaje en el primer libro; la abreviación «c» aquí significa «casado», y en donde el nombre es desconocido, se indica con dos signos de interrogación.

La Versión de Magdalena

La versión de Magdalena

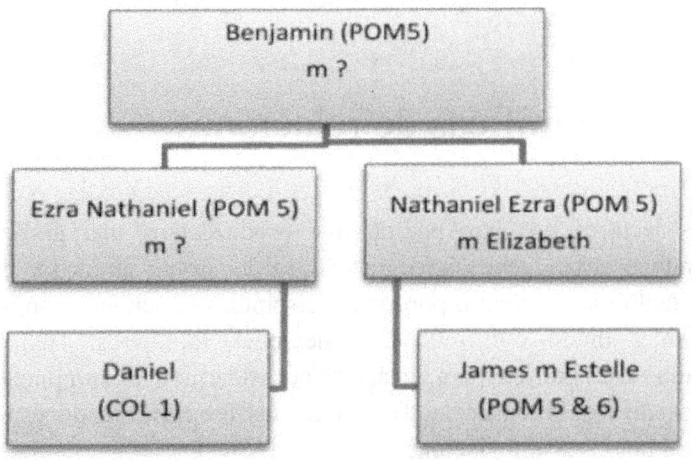

Ahora podemos seguir con una gráfica enfocada en Joaquín/José:

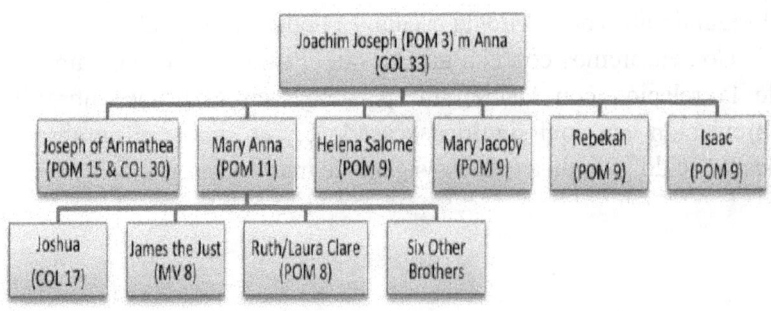

A continuación, una gráfica mostrando los hijos de José con uno de sus matrimonios:

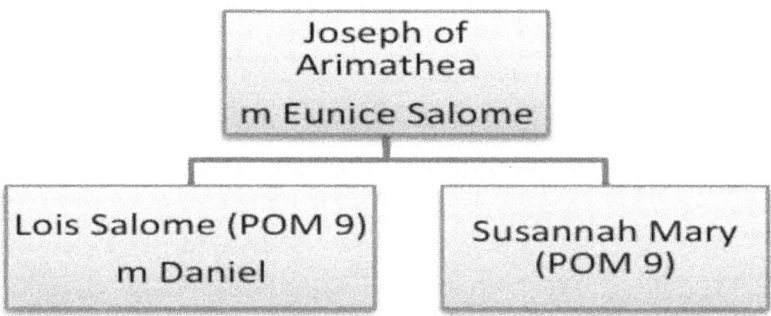

Finalmente, una gráfica mostrando la relación de los hermanos de José de Arimatea:

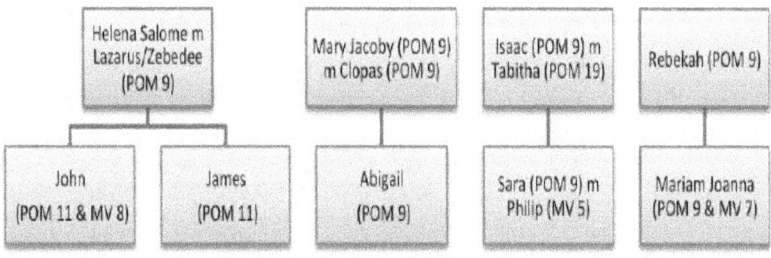

Toda la familia extendida de Jeshua contiene a muchos de sus discípulos, seguidores espirituales y simpatizantes. El capítulo 10 de El poder de Magdalena, llamado «Una conferencia angelical», muestra cómo se unió este gran equipo de la familia del alma en la intervida, mucho tiempo antes de que llegaran encarnados a la Tierra.

La Versión de Magdalena

Parte nueve

Conclusión

Solo con el corazón
uno puede ver bien;
lo esencial
es invisible a los ojos.

Antoine de Saint-Exupéry

La Versión de Magdalena

40

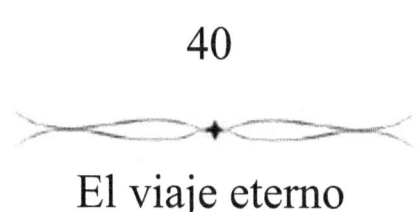

El viaje eterno

Comentario de Stuart: Este libro también marca el final de un capítulo en mi viaje personal. En octubre del 2010, cuando Joanna y yo visitamos Glastonbury para facilitar una sesión de vidas pasadas para nuestra amiga Shelle Elizabeth, una importante joya de sabiduría emergió desde este proceso: «Permite que el viaje sea el viaje».

Ese viaje presonal se ha enfocado por más de veinte años en una casa hermosa, rinuosa y antigua, en un valle tranquilo de Devon, en donde Joanna y yo organizamos nuestros grupos y exploramos tantas vidas pasadas. A medida que miraba atrás hacia esos años, recordé todos los buenos amigos que conocimos a lo largo del camino, y los muchos encuentros con los seres sabios que nos inspiraron. Y, a partir de cada uno de estos encuentros, aprendí algo, y también aprendí a partir de la escritura de estos libros, ya que cada libro es un viaje en sí.

A partir de mi encuentro con la energía de María Magdalena, mucho más intenso para mí ahora que cuando trabajé en El poder de Magdalena, he aprendido tanto, pero hay una cosa que sobresale de todo lo demás:

> El viaje no es sobre palabras.
> Es acerca de energía, proceso y
> amor en el corazón.

Para mí, ese es el núcleo de lo que María Magdalena defendía, y ella me ha ayudado a ver cuán profundamente defectuosa está nuestra cultura occidental y cuánto necesitamos para movernos más allá de un enfoque intelectual estrecho. Sin embargo, también aprendí algo más a partir de la escritura de este libro, aprendí que el conocimiento nunca se pierde por completo; simplemente está esperando por ser recuperado. Y lo que Alariel nos ayudó a recuperar para este libro, es una hebra de la Verdad que no había estado disponible por 2000 años.

Estoy tan agradecido con Alariel por su participación en mi viaje. Ahora me doy cuenta de que no hubiera llegado muy lejos sin él, y les envío mi agradecimiento más profundo a él y a todo su equipo angelical. Y ahora, a medida que escribo estas últimas palabras para completar las revisiones finales de este libro, Alariel me está diciendo que es tiempo de que él siga adelante. Dice que su trabajo conmigo se ha terminado, ya que esta trilogía esenia iba a ser el enfoque central de nuestra colaboración. Y, a medida que cierra su canalización a través de mí, añade:

—Misión cumplida.

Aquí, hago eco de la experiencia de muchos amigos quienes están encontrando que las hebras de su trabajo se unen ahora dentro de un marco holístico. En este libro, el tema de la Unicidad une el trabajo de tres grandes almas: María Magdalena, hace 2000 años, Sosan, en el año 600 y el Jefe Seattle en la década de 1850. Provenientes de tres tradiciones diferentes, comparten la visión de Una Tierra, Un Universo y Una Humanidad, una visión para sacarnos de nuestra historia divisiva e inspirarnos a explorar la posibilidad de paz y unidad en un momento de Transición y Ascensión.

41

La canción de la ascención

¿En dónde están los poetas del Nuevo Mundo?
¿En dónde están aquellos que cantan
la reconexión con el alma,
los pioneros que señalan hacia la meta
de la vida inmortal
y la dicha que nunca se termina?

¿Quién explora ahora lo que sucede
cuando el Espíritu se mezcla con el corazón despierto?
¿Quién canta la parte
que nuestras muchas vidas han jugado
en la dulce ilusión o en la brillante gloria?

¿Quién canta el viaje hacia la más grande Luz,
el cambio expandiendo la consciencia,
el vuelo del miedo y todas las pequeñeces
que compiten para mantenernos atados a la tierra
cuando añoramos elevarnos?

¿Quién canta la hermandad de los ángeles
y de los hombres?
¿Quién canta la hermandad de la profecía y de la Luz?
¿Quién canta el ascenso a medida que vamos más allá de las limitaciones que nos han mantenido a todos atados?

¿Quién canta la dicha
cuando los viajeros regresan al final
hacia la Luz que es su Fuente,

en la que su misma naturaleza es revelada
cuando muere la historia,
y triunfa la Verdad por sobre las mentiras,
y todas nuestras heridas son sanadas?

Stuart Wilson

42

Epílogo: Canto al corazón de la confianza

El extracto del Xin Xin Ming en el capítulo 30 solo cubre una tercera parte del poema original. Para permitirle a los lectores ver el alcance y poder del texto completo, brindo aquí la versión totalmente nueva que preparé para este libro. Esta es una versión gratuita, sin traducciones palabra por palabra, y ha sido posible gracias a las otras traducciones al inglés, mencionadas en la sección de lecturas recomendadas.

El Camino de la Unicidad

No hay nada difícil en
el Camino de la Unicidad
cuando el seleccionar y elegir es puesto a un lado
y todo es aceptado.
Una vez que dejas de anhelar y aborrecer,
todo se vuelve claro,
pero haz incluso la preferencia más pequeña
y todo tu mundo se divide.

Si deseas ver la Verdad,
vive con una mente abierta
y no estés en contra ni a favor de nada.
Oscilar entre los extremos del gustar y disgustar
es una enfermedad de la mente.

Cuando no se entiende el Camino
el esfuerzo no tiene propósito
la Verdad simplemente es,

pero la mente nublada no puede verla.

El Camino es vasto y perfecto como el espacio;
no carece de nada y no tiene ningún exceso.
Acalla la mente
y conoce esta perfección.
Es a través del elegir y rechazar que nos perdemos
de la verdadera naturaleza de las cosas.

No te enredes en el mundo exterior ni te pierdas
en el vacío interno,
permanece sereno en la Unicidad de las cosas
y la dualidad se desvanecerá por sí misma.

Intentar aquietar la mente
solo cambia el movimiento interno,
ya que entonces estarán la mente, por un lado
y tú en movimiento intentando aquietarla, por el otro.
Mientras permanezcas en los extremos del
movimiento y la quietud,
no conocerás la Unicidad.
Cuando no se entiende la Unicidad,
hay una doble pérdida;
la realidad no se puede encontrar en los objetos externos
ni en el vacío interno.

Al creer que las cosas son reales, te pierdes
su verdadera naturaleza,
pero al creer que las cosas son vacías e inexistentes
también pierdes la realidad.
Vive en el Camino
en donde ambos extremos de la ecuación
se encuentran y se vuelven uno,
en donde todas las paradojas se resuelven por sí mismas
en la Verdad trascendental,
en donde la acción y quietud se fusionan y
se convierten en una cosa única.

La Versión de Magdalena

Hablar y pensar
te alejan de la armonía del Camino:
para de hablar y pensar,
y podrás experimentar la realidad. Despierta ante
la Unicidad para encontrar su esencia:
esto va más allá, tanto del vacío como de la forma.
En un momento de discernimiento vemos más allá,
tanto de la superficie externa como del vacío interno.
Ve más allá de las apariencias y del vacío
y encuentra el centro trascendental.

Los cambios que parecen suceder
en el mundo exterior de la forma
son como sombras de un sueño.
Parecen ser reales por nuestra ignorancia,
pero es simplemente un juego de sombras.
No vayas en busca de la verdad,
¡solo desecha tus opiniones!

Evita cualquier aspecto de la dualidad,
¡son ilusiones intentando engañarte nuevamente!
Confundido por los extremos de la dualidad,
es más fácil perder tu camino.
Todas las dualidades provienen del Uno,
¡pero tampoco te aferres al Uno!
¡Si lo haces, entonces estarán el Uno más tú,
aferrándote al Uno!

Cuando el corazón está en paz con el Camino,
nada en el mundo ofende,
no hay culpa, no hay cosa, no hay mente.
En el vacío, la mente está en silencio,
toda la falsa realidad se disuelve
y el corazón está unificado y completo.
Todos los componentes del universo
han retornado a sus orígenes,

La Versión de Magdalena

y los muchos son nuevamente Uno.

Pensador y pensamiento se crean el uno al otro,
mira más allá de ambos y observa la Unicidad.
No te fijes en detalles cuando quieras
experimentar la Unicidad.
Porque la mente no puede describir la realidad,
no la puede percibir.
El corazón es más sabio
y simplemente conoce la realidad. La Unicidad no es
fácil ni difícil; va más allá de cada opuesto
porque los contiene y trasciende por completo.

El aferrarse es perder el equilibrio:
Abre las manos, la mente, el corazón,
¡y deja ir todo!
Permite que todo sea como es:
fluyendo con el Camino,
deambulas,
libre de ser tú mismo.

Regresando a tu verdadera naturaleza
encuentras la esencia espontánea que lo contiene todo.
Si transitas el Camino de la Unicidad,
no te disgusta nada de ella,
ni siquiera en el mundo de los sentidos.

Ya que, si te disgusta algo,
existe entonces esa cosa más tú con ese disgusto.
Ah, ¡otra vez la dualidad!
Así que acepta todo
y que no te disguste nada.
Deja de nombrar y describir las cosas,
y descansa en el silencio del ser.
En el vacío del ser callado,
experimentas la realidad tal como es.

La Versión de Magdalena

No te aferres a nada y acepta todo,
ese es el camino hacia la Luz.
Los sabios no luchan por sus metas,
permanecen despreocupados y desapegados.
Los tontos se cargan a sí mismos
con juicios y elecciones.

Despierto no hay extremos
y no hay opuestos, solo una
continuidad de la Unicidad.
Todos los pares de opuestos son sueños ilusorios,
¿por qué intentar aferrarse a ellos?
Ganancia y pérdida, mejor y peor, mayor y menor,
¡deséchalos todos!

Cuando despertamos, vemos la realidad,
no los sueños.
Si el corazón no juzga ni elige,
entonces todas las cosas son como son,
son Uno.
¿Por qué buscar problemas
cuando la consciencia del Uno
te libera de todos los enredos?

Cuando la mente deja de juzgar y producir imágenes,
comienzas a ver la realidad
como un místico todo.
Entonces la esencia grandiosa del ser se derrama en ti,
y regresas a tu verdadera naturaleza. Aquí, el descanso y
el movimiento son uno mismo, una realidad trascendental
que no puede describirse con palabras.
Aquí no hay nada que recordar
y nada por hacer.
Todo está vacío, claro, lleno de Luz.

En el reino de la realidad,
no hay uno mismo ni el otro:

La Versión de Magdalena

la consciencia simplemente lo es.
Para estar en armonía con la realidad,
solo di «no hay dos».
Cuando no hay dualidad,
todas las cosas son una
y nada puede estar separado:
los iluminados de todos los tiempos y lugares
han entrado en esta verdad.
Este es un estado eterno y aquí no existen los límites.
Aquí no hay fronteras
y las comparaciones no tienen sentido.

Este estado se abre ante tus ojos como una vasta presencia.

Los sueños, comparaciones e ilusiones
no existen;
la realidad sin fisuras ni divisiones, aunque invisible
para la mayoría de las personas,
es la verdadera naturaleza de las cosas.

Una vida en todos los seres,
todos los seres dentro de una red
de consciencia y vida.
Si entiendes esto, ya estás en casa,
y no hay necesidad de preocuparse
por ser perfecto.

Cuando la dualidad se desvanece,
entras en tu verdadera libertad.
Aquí las palabras fallan,
ya que es un estado más allá del lenguaje:
en la realidad no hay pasado, presente
ni futuro, solo el eterno ahora.

Nota: Se ha disputado la autoría de este texto clásico zen, ya que parece contener referencias a desarrollos posteriores, así que le pregunté a Alariel cuál era su opinión acerca de esto.

Alariel: Ya que Sosan trascendió el tiempo integrándose con la realidad, fue capaz de anticipar desarrollos futuros. Es por eso por lo que hay aparentes anacronismos en el texto, que han llevado a algunos investigadores a asignar una fecha más tardía de la que tiene. Sin embargo, significativamente, nadie ha propuesto otro nombre creíble para el autor. El sentido común, por sí mismo, debería hacerte preguntar lo siguiente: ¿es posible que esta tradición, tan cuidadosa y dedicada en tantas formas, haya olvidado el nombre del autor para uno de sus más grandes textos?

Lecturas recomendadas

Las referencias de libros sobre los esenios se brindan en la sección de Lecturas recomendadas de nuestro primer libro, Los esenios: Hijos de la Luz, así que no hay necesidad de repetir esa información aquí. Aquí solo se mencionan pocos libros clave acerca de María Magdalena. En la siguiente página web se muestra una lista exhaustiva de libros acerca de María: www.findmarymagdalene.com

Al final de esta sección se brinda la bibliografía que enlista las traducciones al inglés del Xin Xin Ming.

Astell, Christine. Discovering Angels: Wisdom, Healing, Destiny. Duncan Baird Publishers: London, 2005. Una introducción al mundo de los ángeles. Bien escrita, completa y hermosamente ilustrada. (Para talleres, ver www.angellight.co.uk).

Bartlett, Dr. Richard. Matrix energetics: Ciencia y arte de la transformación. (Título original: Matrix Energetics: The Science and Art of Transformation). Simon and Schuster: New York, NY, 2007. Un libro notable y revolucionario que aplica los principios de la física cuántica al campo de la sanación.

Bartlett, Dr. Richard. La física de los milagros: Cómo acceder a todo el potencial de la consciencia. (Título original: The Physics of Miracles: Tapping into the Field of Consciousness Potential). Simon and Schuster: New York, NY, 2009. Cómo aplicar las fuerzas de la matrix conocidas para la física en un proceso de transformación y empoderamiento. Altamente recomendado.

Braden, Gregg. Awakening to Zero Point. Radio Bookstore Press: Bellvue, WA, 1997. Una guía útil para la ciencia subyacente a la transición de la Tierra y el cambio de consciencia.

Conze, Edward. Further Buddhist Studies. Bruno Cassirer: Oxford, 1975. Contiene un ensayo notablemente perspicaz, llamado «Buddhism and Gnosis».

Cooper Diana. A New Light on Ascension. Findhorn Press: Forres, Scotland, 2004. Escrito en un estilo claro y directo, esta es la mejor introducción para todo el campo de la ascención. Altamente recomendado.

de Boer, Esther. The Gospel of Mary: Listening to the Beloved Disciple. Continuum: London, 2005. La Dra. de Boer es una erudita establecida que ha publicado ampliamente acerca de María. Aquí, compara las representaciones de María en El evangelio de María y en los evangelios del Nuevo testamento.

Eckman, Jacelyn. Veronica: The Lost Years of Jesus. 2010. www.jacelyneckman.com La notable narrativa de Verónica, una prima de Jesús, compartiendo sus recuerdos de los viajes y el ministerio de Jesús y el rol paralelo de la mujer en su vida. La primer trilogía de libros escrita de forma que trae esos eventos a la vida. Altamente recomendado.

Gardner, Laurence. El legado de Magdalena. (Título original: The Magdalene Legacy). Element: London, 2005. Un estudio hermosamente escrito e investigado a fondo acerca de las principales fuentes en la enseñanza de Magdalena.

Gifford, Eli y Cook, Michael (editores). How Can One Sell the Air? Chief Seattle's Vision. Book Publishing Company: Summertown, TN, 1992. Brinda el texto completo de las versions de Smith y Arrowsmith del discurso, junto con el guión fílmico de Ted Perry que fue inspirado por él.

Giusti, Debra. Transforming Through 2012: Leading Perspectives on the New Global Paradigm. Yinspire Media: CA, 2010. Una antología de ensayos profunda y equilibrada, por treinta y tres autores, incluídos científicos, investigadores y futuristas, así como místicos y ancianos indígenas.

Heartsong, Claire and Clemett, Catherine Ann. Anna, La voz de las Magdalenas. (Título original: Anna, The Voice of the Magdalenes). S.E.E. Publishing: www.claireheartsong.com, 2010. La secuela altamente esperada de Anna, abuela de Jesús. Un libro lleno de drama y directa introspección a las vidas de la gran familia de Jesús.

Hurtak, James J. and Hurtak, Desiree. Pistis Sophia: A Coptic Gnostic Text with Commentary. The Academy for Future Science: Los Gatos, CA, 1999. Material gnóstico fascinante de los códigos Askew, descubiertos en Egipto en 1773. Este libro es un diálogo gnóstico notable acerca de la consciencia, Luz, y el espíritu de la sabiduria. Contiene el texto completo de un comentario moderno perspicaz.

Hurtak, James J. Gnosticism: Mystery of Mysteries. A Study in the Symbols of Transformation. The Academy for Future Science: Los Gatos, CA, 1999. Una vision general amplia y académica de toda el área del pensamiento gnóstico.

King, Karen L. El evangelio de María de Magdala: Jesús y la primera mujer apóstol. (Título original: The Gospel of Mary of Magdala: Jesus and the First Woman Apostle). Polebridge Press: Salem, Oregon, 2003. Incluye una fina traducción moderna del Evangelio de María. Un relato completamente legible lleno de profunda honestidad que transforma el material académico en comunicación inspiradora.

Kirkel, Mercedes. La llamada de María Magdalena: Mensajes universales de sabiduría y compasión. (Título original: Mary Magdalene Beckons: Join the River of Love). Publicado en 2012. www.marymagdalenebeckons.com. Una transmisión clara, profunda y confiable del rango completo de las enseñanzas prácticas de María Magdalena. Si quieres escuchar la verdadera voz de María Magdalena, entonces te recomendamos este libro.

La Versión de Magdalena

Krishnamurti, Jiddu. A los pies del maestro. (Título original: At the Feet of the Master). Quest Books: Wheaton, IL. (La primera edición se publicó en 1910 bajo el nombre de «Alcyone»). Estas son las palabras del Maestro Koot Hoomi (una encarnación posterior del apóstol Juan), escritas por su discípulo. Este libro no tiene igual como guía simple pero profunda para el camino espiritual.

Melchizedek, Drunvalo. Viviendo en el corazón: cómo entrar al espacio sagrado del corazón. (Título original: Living in the Heart: How to Enter into the Sacred Space within the Heart). (Libro y CD de audio) Light Technology Publishing: Flagstaff, AZ 2003. Un libro maravillosamente sabio y perspicaz combinado con un CD de meditación hermosamente producido. Altamente recomendado.

Nahmad, Claire and Bailey, Margaret. The Secret Teachings of Mary Magdalene. Watkins: London, 2006. Incluye los versos perdidos del evangelio de María, revelados y publicados por primera vez. Una visión de María percibida como la igual espiritual de Jesús, y su evangelio revelado de forma completa a través del proceso de canalización.

O'Brien, Christian. The Path of Light. The Patrick Foundation: 1999. www.goldenageproject.org.uk. Una traducción libre abreviada de dos textos gnósticos, los Códigos Askew y los Códigos Bruce, llevados a Inglaterra por James Bruce en 1769 y donados a la Biblioteca Bodleian en Oxford. Un libro notable que revela el Camino de la Luz como tratado de verdades espirituales enseñadas en las escuelas druidas, de Misterios y hermandades del mundo antiguo.

Pagels, Elaine. Los evangelios gnósticos. (Título original: The Gnostic Gospels). Penguin Books: London, 1990. Un relato académico pero muy legible del material gnóstico de la Biblioteca Nag Hammadi. Este libro se ha establecido como un texto clave dentro de toda el área de la erudición gnóstica.

Pagels, Elaine. Más allá de la fé: El evangelio secreto de Tomás. (Título original: Beyond Belief: The Secret Gospel of Thomas).

Macmillan: London, 2003. Un libro facinante y escrito de forma clara, que contrasta la rigidez de la iglesia con la flexibilidad y apertura a la innovación del movimiento gnóstico.

Picknett, Lynn. María Magdalena: la diosa prohibida del cristianismo. (Título original: Mary Magdalene: Christianity's Hidden Goddess). Robinson: London, 2003. Un libro controversial y fascinante que describe a María como una discípula líder y la esposa de Jesús.

Prince, Sharon. John of Old, John of New: The Awakening of an Apostle. Shining Brightly Books: Houston, Texas, 2008. www.johnofnew.com. El destacable viaje espiritual de John Davis, quien descubrió experiencias en vidas pasadas como el apóstol Juan. Una historia apasionante contada de forma directa y cautivadora. Altamente recomendado.

Robinson, James (Editor). The Nag Hammadi Library in English. Harper Collins: San Francisco, 1990. El mayor libro de referencias para muchas fuentes gnósticas con traducciones completas de todos los rollos de Nag Hammadi.

Starbird, Margaret. La diosa en los evangelios: en busca del aspect femenino de lo sagrado. (Título original: The Goddess in the Gospels: Reclaiming the Sacred Feminine). Bear and Co.: Rochester, VT, 1998. Un libro profundo y audaz que re examina el papel de la Sagrada Feminidad en los primeros años del cristianismo.

Wilson, Stuart and Prentis, Joanna. El poder de Magdalena. (Título original: Power of the Magdalene). Ozark Mountain Publishing: Huntsville, AR, 2009. Basado en las experiencias de vidas pasadas de siete sujetos. Es nuestro segundo libro el cual contiene mucha más información acerca de las discípulas femeninas y la importancia de María Magdalena como la compañera espiritual de Jeshua. También contiene una sección acerca de los nuevos niños, enfocado especialmente en los niños cristal.

La Versión de Magdalena

Nota: Algunos de los libros citados arriba (especialmente los títulos más esotéricos), pueden ser difíciles de encontrar en librerías generales. Pueden obtenerse en las siguientes fuentes:

> Arcturus Books, www.arcturusbooks.co.uk
> teléfono 01803 864363
> Aristia, www.aristia.co.uk
> teléfono 01983 721060
> Cygnus Books, www.cynus-books.co.uk
> teléfono 0845 456 1577

A continuación, las once traducciones principales del texto zen clásico Xin Xin Ming por Sosan, en orden de su publicación original.

> Suzuki, Professor Daisetz Teitaro. Manual of Zen Buddhism. Grove Press: New York (original edition 1935). D.T. Suzuki también publicó una versión revisada, con un número de pequeños cambios, en Buddhist Scriptures editada por Edward Conze.

> Waley, Arthur. Buddhist Texts Through the Ages. Oneworld Publications: Oxford, 1995. Edición original por Bruno Cassirer, Oxford, 1954.

> Blyth, Reginald Horace. Zen and Zen Classics: Selections from R.H. Blyth. Reunidas por Frederick Franck, Heian International: Torrance, CA, 1978. Edición original con comentarios más extensos por Hokuseido Press: Tokyo, 1960.

> Yu, Upasaka Lu K'uan (Charles Luk). Practical Buddhism. Rider: London, 1971.

> Clarke, Richard B. Daily Chants. Rochester Zen Center: New York, 1985. Disponible en línea en www.texaschapbookpress.com con comparaciones paralelas de las traducciones de Clarke y Suzuki. Ver también los cantos y recitaciones del centro Rochester Zen, señaladas más adelante en estas referencias.

Sheng-Yen, Master. Faith in Mind: A Guide to Ch'an Practice. Dharma Drum Publications: Elmhurst, NY, 1987. Disponible en línea en www.terebess.hu/english/hsin3 al momento de su publicación.

Pajin, Professor Dusan. "On Faith in Mind," Journal of Oriental Studies, Volume xxvi, no 2. Hong Kong, 1988. Disponible en línea en www.sacred-texts.com/bud/zen al momento de su publicación.

Myokyo-ni, The Venerable (Irmgard Schloegl). The Middle Way. The Buddhist Society: London, May 1999.

Dunn, Philip and Jourdan, Peter. The Book of Nothing: A Song of Enlightenment. Andrews McMeel: Kansas City, 2002.

Rochester Zen Center. Chants and Recitations. Rochester Zen Center: Rochester, New York, 2005. Esta es la traducción de Richard B. Clarke, modificada extensamente por miembros del Centro Zen Rochester.

Ho, Lok Sang. (Sin fecha). Disponible en línea en www.In.edu.hk/econ/staff/Xin%20Xin%20Ming.doc al momento de su publicación. Click en el link. Ver como HTML.

Agradecimientos

Nos gustaría agradecer ampliamente a aquellos cuyas experiencias de vidas pasadas forman una parte esencial de este libro:
Jaye Woodfield Lyn
Pam

Nuestro agradecimiento a Paul Tamplin por ayudarnos con nuestras computadoras y configurar nuestra página web tan brillantemente.

Nuestro agradecimiento a Catherine Mary La Toure por su amistad y apoyo. Las reuniones que Stuart tuvo con ella en el 2009 fueron una clave para transformar sus pensamientos hacia El evangelio de María y la posibilidad de ir más allá de ese texto y recuperar las enseñanzas internas de María Magdalena. La página web de Cathie enlista el rango completo de libros acerca de María Magdalena, y puede ser visitada en www.findmarymagdalene.com. También debemos mencionar su spray Flores de Magdalena, llamado «El regalo de Magdalena», que provó ser de gran ayuda asistiendo a Stuart a sintonizarse con la energía de María como parte del proceso de canalización. ¡Gracias, Cathie! Catherine Mary estaría encantada de contactar a través de correo electrónico mediante su página web a aquellos que sienten que tienen un papel activo por cumplir al rastrear el viaje de Magdalena a través de Francia.

Nuestro agradecimiento a Anne MacEwen, presidenta de la Essese Network International, y a Sylvia Moss y Chrissie Astell por su continua amistad y ayuda. La página web de la ENI es: www.essenenetwork.org.

Hacia finales de agosto del 2010, nuestra amiga Janie nos telefoneó con noticias de una sesión de PNL importante que contribuyó a nuevas capas de entendimiento para este libro. Gracias, Janie, y un amplio agradecimiento también para Emma, quien facilitó la sesión.

En octubre del 2010 fuimos a Glastonbury para facilitar una sesión de vidas pasadas para nuestra amiga Shelle Elizabeth. Durante esa sesión, emergieron las palabras citadas en el capítulo final. En ese entonces, también conocimos a la amiga de Shelle, Anya Kumara, una iniciada sacerdotisa Magdalena. ¡Fue un día maravilloso! ¡Nuestro agradecimiento a ambas!

Nuestro agradecimiento a todos nuestros coordinadores internacionales: su trabajo ayuda a juntar a la familia del alma esenia. Y muchas gracias a William Brune de Missouri por facilitar nuestro grupo de Yahoo, al que se puede acceder a través de essene_family. Nuestro agradecimiento también a William por su diálogo por correo electrónico involucrando a Alariel, a partir del cual emergió el término «tapiz arcoíris de la Verdad».

Un «gran agradecimiento» a todo el equipo de Ozark Mountain Publishing, especialmente a Dolores Cannon, Julia Degan, Nancy Garrison, Joy Newman e Itera Clehouse. Gracias por permitirnos sacar estas nuevas perspectivas al mundo. Durante el proceso de edición, Dolores me alentó a que extendiera el texto. Esto resultó en los dos capítulos de preguntas y respuestas. ¡Gracias, Dolores, por tu contribución vital!

La reunión esenia cerca de Lyme Regis en Dorset, en marzo del 2011, que fue organizada por nuestros amigos Lyn y Graham, brindó una época de alta energía y conexión profunda con espíritus afines. Nuestro agradecimiento a Lyn y Graham y a nuestra oradora principal en la reunión, Sharon Prince, por enfocar el amor y la energía de María Magdalena de forma tan poderosa. (La página web de Sharon es www.sharonprince.net).

Nuestro agradecimiento a Josee Honeyball por su gran contribución al capítulo 9. Observarla facilitando una sesión de matriz energética para Joanna, al momento de la reunión, abrió toda una línea nueva de investigación. (La página web de Josee es www.heartfieldalchemy.com).

Uno de nuestros grandes descubrimientos de las reuniones, fueron los libros de Jacelyn Eckman. Sus recuerdos de Veronica, sobrina de Jesús, son un relato maravilloso y poderoso de la vida en esa época. ¡Gracias, Jacelyn! (La página web de Jacelyn es www.jacelyneckman.com).

Estamos sumamente agradecidos con Mercedes Kirkel por compartir su libro La llamada de María Magdalena: Mensajes universales de sabiduría y compasión, en su etapa de manuscrito. El texto nos alentó al mostrarnos que otros estaban recibiendo información paralela. ¡Gracias, Mercedes!

Nuestro agradecimiento al profesor Ted Perry por el permiso para utilizar citas de su guión fílmico dentro del contexto de mi versión del discurso del Jefe Seattle. Esta versión intenta alinear completamente la energía del discurso con los problemas y preocupaciones actuales.

Nuestro agradecimiento a Pete Stickland por su gran contribución al capítulo 23. Como parte de una sesión a vidas pasadas, Pete fue capaz de acceder al nivel más alto de consciencia y brindar una declaración clave de la sabiduría de María Magdalena.

Nuestro agradecimiento se extiende a Cecily del Centro Zen Rochester, por proveer recursos e información.

Nuestro agradecimiento a Bernadette Boutros y su hermana Rima de Australia, por compartir su introspección a las energías esenias, y a Marina Sturm, que vino de Austria y nos habló acerca de las energías en los libros. ¡Su visita en agosto del 2011 trajo muchas bendiciones!

Comentario de Stuart: Y, finalmente, depo expresar mi más profundo agradecimiento a mis maestros durante experiencias de vidas pasadas en monasterios zen. Sin su ayuda, nunca hubiera sido capaz de preparar una nueva versión del Xin Xin Ming.

La Versión de Magdalena

Acerca de los autores

COPYRIGHT WYN PENNANT JONES PHOTOGRAPHIC ART

Stuart con Joanna Prentis, su coautora en la trilogía esenia.

Joanna Prentis: Yo nací al sur de India en Bangalore. Cuando tenía casi tres años, mi familia regresó a Scotland, en donde pasé mi niñez y adolescencia. Al terminar la escuela, viajé mucho, me casé y viví en Hong Kong por dos años, después, viví diez años en el oeste de Australia, en donde nacieron mis tres hijas. Fue ahí en donde comenzó mi interés en medicina y educación alternativas, agricultura orgánica, metafísica y meditación. Junto con una enfermera local, dirigí un consultorio de Homeopatía y Radiónica.

Regresé al Reino Unido en 1979 y después me entrené como maestra Montessori, educando en casa durante pocos años a mis dos hijas menores, Katinka y Larissa. Ahora tengo cuatro hermosos nietos.

Tengo certificados de varias modalidades de sanación y un diploma básico en psicología humanista. También me entrené con

Ursula Markham y tengo un diploma en hipnoterapia y terapia de regresión.

Con mi hija mayor Tatanya, fundé el centro Starlight en 1988, un centro para sanación y expansión de la consciencia. Con el paso del tiempo, Tatanya nos ha introducido a muchas técnicas innovadoras y gente interesante.

En 1999 cerramos el centro para enfocarnos en producir nuestros libros. Yo continúo con mi trabajo de regresiones y ahora nuestros lectores se ponen en contacto con nosotros desde todo el mundo.

Stuart Wilson es un escritor de nuevas perspectivas. Sus percepciones de la nueva consciencia se han ido desarrollando a lo largo de 30 años, trabajando con grupos comprometidos con el crecimiento personal. Durante nueve años, Stuart dirigió, junto con Joanna Prentis, el centro Starlight en el oeste de Inglaterra, un centro dedicado a la sanación y a la transformación de la consciencia.

Él escribe acerca de este periodo:

«¡Fue inspirador y fascinante pero también agotador! Un flujo de visitantes llegó al centro, provenientes principalmente de Estados Unidos y Australia, pero algunos también de Europa. Tuvimos una época maravillosa y alucinante, sentados a los pies de maestros espirituales respetados internacionalmente y líderes de talleres».

Parte del trabajo del centro fue la regresión a vidas pasadas, y esto condujo a su colaboración con Joanna para escribir Los esenios: Hijos de la Luz y El poder de Magdalena, ambos publicados por Ozark Mountain Publishing en 2005.

Coordinadores internacionales

Un tema que ha emergido fuertemente de muchos de los correos electrónicos que recibimos de lectores, es un sentimiento de soledad, de estar rodeados por gente convencional con un sistema de valores diferentes y una forma de vida materialista. Este sentimiento dirige muy seguido a una necesidad de contacto y de hablar con personas con ideas afines.

Son tantos los lectores que nos han pedido contactos, que hemos formado una red de coordinadores internacionales, uno por cada país (o grupos de países) en donde tenemos lectores. Si te gustaría contactar con personas de tu área o en un país diferente, por favor envía un correo electrónico a tu coordinador local con tu dirección de correo y el nombre de tu país y tu ciudad más cercana. Así, el coordinador te dará correos electrónicos de cualquier lector local que esté en su lista.

Hasta ahora tenemos coordinadores en los siguientes países:

Reino Unido: Lyn and Graham Whiteman
en essenes@btinternet.com
EUA: Diane Richard en diane@biosophic.com
Brad Brune en bunken1@sbcglobal.net
Canadá: Mary Pat Fuchs en mpfessene@gmail.com
Australia: Jann Porter en rose.path@bigpond.com
Nueva Zelanda: N. Island – Annette Hanham en info@goldenagementor.co.nz
Seychelles: en footlooseferal@yahoo.com.au
Bélgica: Arjuna van Heerdt en info@assayya.com
Irlanda: Christine Astell en c.angels@btinternet.com
Países Bajos: Anita Murray en anita.murray@ymail.com
Portugal: Martin Northey en martin.northey@mail.telepac.pt
España: Isabel Zaplana en i.zaplana@gematria.net
Francia: Por ser acordado
Escandinavia: Anita Murray en anita.murray@ymail.com

La Versión de Magdalena

Europa Central: Por ser acordado
Bermudas: Mimi Harding en moomimi@logic.bm
Suroeste de Asia: Por ser acordado

Si te gustaría ser un coordinador de cualquier país que no tenga aún uno, o no aparece en la lista, favor de contactarnos vía nuestra página web.

Los nuevos medios

Muchas personas están ahora explorando nuevos niveles de empoderamiento a través del uso de los nuevos medios, particularmente las redes sociales y las emisoras de radio por internet.

Las redes sociales unen a las personas de forma inmediata y personal, apoyando la democratización del conocimiento y el empoderamiento de individuos, sin importar el ambiente político.

El radio por internet empodera a los trabajadores de la Luz al proveer una fuente de información vital sobre nuevas ideas y la nueva consciencia.

La importancia de las emisoras de radio por internet como un recurso vital en un tiempo de cambios está siendo ahora más ampliamente reconocida. El formato más efectivo aquí es el programa de una hora por semana en el que el presentador puede dialogar con invitados que tienen ideas interesantes por compartir acerca de los cambios que están sucediendo en nuestras vidas. Sumando la eficiencia de los cables de teléfono internacionales, conectando presentadores con invitados, a través de tecnología de fibra óptica, para que el presentador pueda estar en Estados Unidos y el invitado en el Reino Unido, Europa o Australia, se puede obtener un vistazo de la naturaleza verdaderamente global del radio por internet.

Escuchar estos programas son solo parte del atractivo. También hay un archivo de programas anteriores, que es una verdadera casa de tesoros de información alternativa. Las principales estaciones de radio por internet que ofrecen una visión progresiva y alternativa del mundo incluyen:

www.bbsradio.com
www.radiooutther.com
www.soulsjourneyradio.com
www.awakeningzone.com
www.wprldpuja.org

Otros libros por Stuart Wilson y Joanna Prentis

Los esenios: Hijos de la Luz

La historia interna de la hermandad esenia, vista desde la perspectiva de vida pasada de Daniel, un esenio mayor, y su amigo José de Arimatea. Cuenta la historia dramática de la sanación de Jesús en la tumba y revela las conexiones esenias con los druidas y la orden de Melquisedec.

El poder de Magdalena

Una mezcla de las experiencias de vidas pasadas de siete sujetos y las canalizaciones realizadas por Alariel. Revela la existencia de un grupo de mujeres discípulas, y el verdadero significado de María Magdalena como la compañera espiritual de Jeshua. Contiene toda una sección acerca de los nuevos niños que están naciendo ahora.

Atlantis and the New Consciousness

Un viaje de exploración hacia el mundo de la Atlántida, una época de tecnología impresionante, profunda sanación y profunda sabiduría. Basada en la canalización y experiencias de vidas pasadas y revelando mucha información completamente nueva acerca de la Atlántida.

Beyond Limitations: The Power of Conscious Co-Creation

Información canalizada de la Fuente angelical Alariel, quien provee una respuesta completa a la pregunta: «¿Cómo creamos nuestra propia reaildad?» Un texto revolucionario que revela la conexión entre la creación de la realidad y la experiencia del 2012. Este es sencillamente el libro más avanzado sobre la creación de la realidad, disponible en cualquier lugar.

Other Books by Ozark Mountain Publishing, Inc.

Dolores Cannon
A Soul Remembers Hiroshima
Between Death and Life
Conversations with Nostradamus, Volume I, II, III
The Convoluted Universe -Book One, Two, Three, Four, Five
The Custodians
Five Lives Remembered
Horns of the Goddess
Jesus and the Essenes
Keepers of the Garden
Legacy from the Stars
The Legend of Starcrash
The Search for Hidden Sacred Knowledge
They Walked with Jesus
The Three Waves of Volunteers and the New Earth
A Very Special Friend
Aron Abrahamsen
Holiday in Heaven
James Ream Adams
Little Steps
Justine Alessi & M. E. McMillan
Rebirth of the Oracle
Kathryn Andries
Time: The Second Secret
Will Alexander
Call Me Jonah
Cat Baldwin
Divine Gifts of Healing
The Forgiveness Workshop
Penny Barron
The Oracle of UR
P.E. Berg & Amanda Hemmingsen
The Birthmark Scar
Dan Bird
Finding Your Way in the Spiritual Age
Waking Up in the Spiritual Age
Julia Cannon
Soul Speak – The Language of Your Body
Jack Cauley
Journey for Life
Ronald Chapman
Seeing True
Jack Churchward
Lifting the Veil on the Lost Continent of Mu

The Stone Tablets of Mu
Carolyn Greer Daly
Opening to Fullness of Spirit
Patrick De Haan
The Alien Handbook
Paulinne Delcour-Min
Divine Fire
Holly Ice
Spiritual Gold
Anthony DeNino
The Power of Giving and Gratitude
Joanne DiMaggio
Edgar Cayce and the Unfulfilled Destiny of Thomas Jefferson
Reborn
Paul Fisher
Like a River to the Sea
Anita Holmes
Twidders
Aaron Hoopes
Reconnecting to the Earth
Edin Huskovic
God is a Woman
Patricia Irvine
In Light and In Shade
Kevin Killen
Ghosts and Me
Susan Linville
Blessings from Agnes
Donna Lynn
From Fear to Love
Curt Melliger
Heaven Here on Earth
Where the Weeds Grow
Henry Michaelson
And Jesus Said – A Conversation
Andy Myers
Not Your Average Angel Book
Holly Nadler
The Hobo Diaries
Guy Needler
The Anne Dialogues
Avoiding Karma
Beyond the Source – Book 1, Book 2
The Curators
The History of God
The OM
The Origin Speaks

For more information about any of the above titles, soon to be released titles, or other items in our catalog, write, phone or visit our website:
PO Box 754, Huntsville, AR 72740|479-738-2348/800-935-0045|www.ozarkmt.com

Other Books by Ozark Mountain Publishing, Inc.

Psycho Spiritual Healing
James Nussbaumer
And Then I Knew My Abundance
Each of You
Living Your Dram, Not Someone Else's
The Master of Everything
Mastering Your Own Spiritual Freedom
Sherry O'Brian
Peaks and Valley's
Gabrielle Orr
Akashic Records: One True Love
Let Miracles Happen
Nikki Pattillo
Children of the Stars
A Golden Compass
Victoria Pendragon
Being In A Body
Sleep Magic
The Sleeping Phoenix
Alexander Quinn
Starseeds What's It All About
Debra Rayburn
Let's Get Natural with Herbs
Charmian Redwood
A New Earth Rising
Coming Home to Lemuria
David Rousseau
Beyond Our World, Book 1
Richard Rowe
Exploring the Divine Library
Imagining the Unimaginable
Garnet Schulhauser
Dance of Eternal Rapture
Dance of Heavenly Bliss
Dancing Forever with Spirit
Dancing on a Stamp
Dancing with Angels in Heaven
Annie Stillwater Gray
The Dawn Book
Education of a Guardian Angel
Joys of a Guardian Angel
Work of a Guardian Angel
Manuella Stoerzer
Headless Chicken
Blair Styra
Don't Change the Channel
Who Catharted
Natalie Sudman
Application of Impossible Things
L.R. Sumpter
Judy's Story
The Old is New
We Are the Creators
Artur Tradevosyan
Croton
Croton II
Jim Thomas
Tales from the Trance
Jolene and Jason Tierney
A Quest of Transcendence
Paul Travers
Dancing with the Mountains
Nicholas Vesey
Living the Life-Force
Dennis Wheatley/ Maria Wheatley
The Essential Dowsing Guide
Maria Wheatley
Druidic Soul Star Astrology
Sherry Wilde
The Forgotten Promise
Lyn Willmott
A Small Book of Comfort
Beyond all Boundaries Book 1
Beyond all Boundaries Book 2
Beyond all Boundaries Book 3
D. Arthur Wilson
You Selfish Bastard
Stuart Wilson & Joanna Prentis
Atlantis and the New Consciousness
Beyond Limitations
The Essenes -Children of the Light
The Magdalene Version
Power of the Magdalene
Sally Wolf
Life of a Military Psychologist

For more information about any of the above titles, soon to be released titles, or other items in our catalog, write, phone or visit our website:
PO Box 754, Huntsville, AR 72740|479-738-2348/800-935-0045|www.ozarkmt.com

www.ingramcontent.com/pod-product-compliance
Lightning Source LLC
Chambersburg PA
CBHW062203080426
42734CB00010B/1768